U0680844

数据驱动型经营者集中与反垄断法规制

丰 斓◎著

新 华 出 版 社

图书在版编目（CIP）数据

数据驱动型经营者集中与反垄断法规制 / 丰斓著. —北京：新华出版社，2023.12

ISBN 978-7-5166-7274-7

Ⅰ.①数… Ⅱ.①丰… Ⅲ.①信息经济—反垄断法—研究—中国

Ⅳ.①D922.294.4

中国国家版本馆CIP数据核字（2023）第253724号

数据驱动型经营者集中与反垄断法规制

著　　者：丰　斓

责任编辑：齐泓鑫　　　　　　　　　封面设计：有　森

出版发行：新华出版社

地　　址：北京石景山区京原路8号　　邮　　编：100040

网　　址：http://www.xinhuapub.com

经　　销：新华书店、新华出版社天猫旗舰店、京东旗舰店及各大网店

购书热线：010-63077122　　　　　中国新闻书店购书热线：010-63072012

照　　排：北京博仲兴业文化传播有限公司

印　　刷：廊坊市海涛印刷有限公司

成品尺寸：170mm×240mm

印　　张：12.5　　　　　　　　　　字　　数：203千字

版　　次：2023年12月第一版　　　　印　　次：2023年12月第一次印刷

书　　号：ISBN 978-7-5166-7274-7

定　　价：50.00元

前　言

　　2020 年中共中央国务院《关于构建更加完善的要素市场化配置体制机制的意见》提出数据与土地、劳动力、资本、技术并称为五大生产要素。数据作为一种崭新的经济权力已经成为经营者谋求经济利益、获取竞争优势的重要来源，是数字经济的核心资源。随着数字技术的发展以及产业数字化和数字产业化进程的不断提速，我国数字经济得以迅猛发展，中国信息通信研究院 2021 年发布的中国数字经济发展白皮书中的相关数据表明，我国数字经济增长率已达整体经济增长率的 2~3 倍，我国已经进入一个传统经济与数字经济交互融合的时代。在这样一个转型发展的时代，传统经济下发展起来的法律思维、规范和规制手段在数字经济下的适用问题摆在了法律人面前。面对上述问题，2021 年全国人大通过《中华人民共和国数据安全法》(以下简称《数据安全法》)和《中华人民共和国个人信息保护法》(以下简称《个人信息保护法》)分别从数据安全和个人信息保护的维度给予了强有力的回应，上述两部法律成为确保我国数字经济良性发展的基石。2021 年 10 月习近平总书记在中共中央政治局关于推动我国数字经济健康发展进行的第三十四次集体学习中对数字经济竞争立法与执法提出了要求，强调要规范数字经济发展，坚持促进发展和监管规范两手抓、两手都要硬，在发展中规范、在规范中发展。要健全市场准入制度、公平竞争审查制度、公平竞争监管制度，建立全方位、多层次、立体化监管体系，实现事前事中事后全链条全领域监管。要纠正和规范发展过程中损害群众利益、妨碍公平竞争的行为和做法，防止平台垄断和资本无序扩张，依法查处垄断和不正当竞争行为。2022 年 8 月 1 日实施

1

数据驱动型经营者集中与反垄断法规制

的修订后的《反垄断法》新增第九条，其中规定经营者不得利用数据和算法、技术、资本优势以及平台规则等从事本法禁止的垄断行为，标志着我国《反垄断法》正式跨入数字经济时代。

近年来，数据驱动型经营者集中案例层出不穷，并呈现交易规模巨大、纵向集中和混合集中占比大以及线上线下整合等三大特点，故而成为竞争执法机构乃至全社会关注的反垄断问题焦点。

数据对数字经济竞争的正负影响效应增加了竞争执法机构的规制难度，数据驱动型经营者集中也对反垄断法提出了挑战。一是数据对相关市场界定在经营者集中规制的地位产生了弱化作用。在数字经济下普遍存在的免费商业模式和非价格竞争现象使得替代性分析等传统的相关市场界定方法在数据驱动型经营者集中规制中不再具有完全的适用性。二是以传统申报标准界定数据驱动型经营者集中的规制范围容易产生漏报现象。数据驱动型经营者集中具有与传统经济下经营者集中不同的特点，在相关市场上具有优势数据经济权力经营者之间的集中行为很有可能无法引发传统经营者集中申报制度的关注。三是数据相关竞争审查的不足导致竞争执法机构的误判。一方面，数据驱动型网络效应使市场进入壁垒审查分析变得更加复杂，其对传统单边、协调和封锁审查的影响也应引起经营者集中规制的足够重视。另一方面，重价格、轻质量的竞争审查已经无法满足数据驱动型经营者集中的规制要求。四是结构性救济对数据驱动型经营者集中救济存在先天不足。对数据集实施结构性救济存在很大的困难，因为数据经过算法的处理，其价值便以另外一种形式体现，即便集中各方的数据集被分离开来，原始数据的价值可能以其他形式被保留下来，故无法实现预定救济目标。

上述挑战给现有经营者集中执法实践带来了一些具体问题，引发思考。第一，相关市场界定。在数字经济下，时间因素在数据驱动型经营者集中相关市场界定中意义凸显。基于产品生命周期理论的相关市场界定有利于公平、效率和公共利益的经营者集中规制目标分阶段实现，有利于经营者集中竞争审查及分析手段的差别化选择。故可考虑将相关产品市场区分为"集中当事人的产品同属成熟阶段""集中当事人的产品同属孕育阶段或发展阶段"和"集中当事人的产品分属孕育或发展阶段和成熟阶段"三种情形进行界定；由于数据产品是一种受技术进步影响较大的产品，具有较强的时效性和技术依赖性特征，对其进行相关市场界定意义较大，故可通过在确定数据相关产品市场的基础上增加一个时间区间限定的方式界定数据产品的相关市场；另外，传统的假定垄断者测试方法具有维度单一的缺陷，影响其在数据驱动型经营者集中相关市场界定中发挥作用，应考虑多因素综合测试的思路，根据具体案例涉及的行业特点确定相关市场界定的主要因素及每种因素的影响程度，改造假定垄断者测试方法以适应数字经济下反垄断法规制的要求。第二，申报标准。传统申报标准存在维度单一和时效性差的缺陷，故应遵循以数据为主导的多维度改造思路，重新构建适应外部环境变化要求的动态经营者集中申报标准。第三，审查依据。数据网络效应对市场进入壁垒的影响，在产生机理、作用范围和影响程度上与传统网络效应存在较大差异，故应成为数据驱动型经营者集中审查中的重要依据之一。此外，随着数字经济的发展，质量相关因素逐渐成为竞争的核心内容，应从"集中行为是否产生合并特有效率""质量因素是否相关市场上一个重要的竞争维度"以及"质量因素的严重弱化是否完全归因于集中行为引起的竞争过程或者市场结构的变化"等三个问题出发，确定质量因素竞争审查的必要性。第四，集中救济。数据驱动型经营者集中具有行为性救济措施趋向性，细化现有行为性救济制度和加强多学科行为性救济方法的法律化研究是行为性救济措施阻断单边、协调和封锁效应引发反竞争效果的重要保障。救济监督机制的创新是数据驱动型经营者集中救济制度发挥作用的关键，监督管理制度替代监督受托人制度和复审制度的有效实施是其重要的保障。

综上，我国数据驱动型经营者集中反垄断法规制应从以下两个方面进行完善：一是在立法模式上，数据竞争法律制度将经历一个从分散到集中的过程，在现阶段它可能分散于竞争法律制度的某些环节发挥作用，随着数据竞争法律理论研究的不断深入和司法实践的不断丰富，它终将成为一个独立的法律视角而受世人关注。二是应从增设数据等多维度相关市场界定因素、申报标准多元化、引入非价格多维度竞争审查体系和创设救济监督管理制度等方面对现有经营者集中规制制度做出必要的完善。

Contents
目　录

第 1 章　绪论

1.1 研究背景及意义

1.1.1 研究背景

随着大数据、云计算、5G 通信、物联网、区块链、人工智能和工业互联网等新兴技术的日益成熟，产业数字化和数字产业化进程不断提速，我国数字经济得以迅猛发展，数字经济体量已经超过经济总量的三分之一（见表 1–1）。从体量上看，传统经济仍然占据绝对优势，但从数字经济的增长速度来看，数字经济增长率是 GDP 增长率的 2~3 倍，数字经济体量超过传统经济只是时间问题。可以说，我国已经进入了一个传统经济与数字经济交织的时代。在这样一个时代，人人、人物和物物互联的数字技术的飞速发展引发数据井喷式增长。根据国际权威机构 Statista 的统计和预测，2020 年全球数据产生量达到 47ZB，而到 2035 年，这一数字将达到 2142ZB。[1] 由数据驱动的创新性商业模式层出不穷，惠及每一个消费者和经营者。在宏观政策层面上，我国已将大数据提升为国家战略，[2] 将数据与土地、劳动力、资本、技术并称为五大生产要素。[3] 当某一种资源被界定为基础生产要素之后，其对国民经济影响的内涵、机理和范围都将发生重大的改变，数据作为一种崭新的经济权力已经成为经营者谋求经济利益、获取竞争优势的重要来源。

---

[1] Statista.Digital Economy Compass 2020[R]. 2020.

[2] 《中国共产党第十八届中央委员会第五次全体会议公报》（2015 年 10 月 29 日中国共产党第十八届中央委员会第五次全体会议通过）。

[3] 中共中央国务院《关于构建更加完善的要素市场化配置体制机制的意见》（2020 年 3 月 30 日）。

表 1-1　我国数字经济发展情况表 [①]

时间	数字经济总量（单位：元）	数字经济增长率	占 GDP 比重	GDP 增长率
2020 年	39.2 万亿	9.7%	38.6%	2.3%
2019 年	35.8 万亿	15.6%	36.2%	6.1%
2018 年	31.3 万亿	20.9%	34.8%	6.6%
2017 年	27.2 万亿	20.3%	32.9%	6.9%
2016 年	22.6 万亿	18.9%	30.3%	6.7%
2015 年	18.6 万亿	13.2%	27.5%	6.9%
2014 年	16.2 万亿	-	26.1%	7.4%

　　在这样一个转型发展的时代，传统经济下发展起来的法律思维、规范和规制手段在数字经济下的适用问题摆在了法律人面前。近年来，各国积极应对数字经济带来的法律挑战，普遍认为，作为反垄断法基础的价值目标与规制架构不会因为数字经济时代的到来而发生改变，但对反垄断法制度的适应性调整存在一定的必要性。[②] 为此，欧盟、美国、日本、加拿大、英国、法国和德国等国以及 OECD 等国际组织对数据竞争政策进行了深入的研究并发布了大数据与反垄断法规制、算法与大数据等相关主题报告。[③] 德国于 2017 年对《反限制竞争法》进行了第九次修订，确定了数字经济下认定多边市场经营者竞争力量的方法，使其成为世界上第一个将数字市场反垄断条款写入反垄断法的国家。[④] 2020 年 1 月德国公布了关于《反限制竞争法》第十次修订的专家草案。该草案在德国现有数字经济反垄断研究的基础上，对《反限制竞争法》第九次修订案提出了系统性修订建

---

① 中国信息通信研究院：中国数字经济发展白皮书 (2021 年) [EB/OL].http://www.caict.ac.cn/kxyj/qwfb/bps/202104/P020210424737615413306.pdf,2021-12-01.

② 焦海涛.《反垄断法》的修订动因与完善方向 [J]. 竞争法律与政策评论，2020，6（00）：7-10.

③ ECON. Challenges for Competition Policy in a Digitalized Economy[R].2015; FTC. Big Data: A Tool for Inclusion or Exclusion? [R].2016; JFTC. Report of Study Group on Data and Competition Policy[R].2017 ; Canada. Big data and Innovation: Key Themes for Competition Policy in Canada[R].2018; UK. The Commercial Use of Consumer Data Report on the CMA's Call for Information[R].2015; Autorité de la concurrence française and Bundesbchörde der Bundeskartellbehörde: Competition Law and Data[R].2016; OECD.Big Data: Bringing Competition Policy to the Digital Era[R].2016.

④ 周万里.《德国反限制竞争法》的第九次修订 [J]. 德国研究，2018，33（04）：78-89+142.

数据驱动型经营者集中与反垄断法规制

议。[①] 2021年1月该草案获得德国联邦议会正式通过，《反限制竞争法》第十修正案被定名为《反限制竞争法——数字化法》，它是世界上第一部真正意义上的数字经济反垄断法。反观我国数字经济发展已居全球领先地位，虽然在数字经济的分支领域已经发布了个别反垄断指南，[②] 但从总体来看，数字经济的反垄断立法仍然相对滞后，我国《反垄断法》自2008年生效以来，还未针对竞争环境的变化做出任何修订，在未来《反垄断法》修订中应直面数字经济的挑战，解决反垄断法的适用问题。

数据驱动型经营者集中作为数字经济反垄断研究的三大领域之一，具有突出的事前规制特征，与垄断协议和滥用市场支配地位所强调的事后规制存在差异。在通常情况下，经营者可以通过自身积累、外购或实施以获取数据为目的的经营者集中等手段获得数据。数据驱动型经营者集中是以获取数据为目的的横向、纵向和混合型经营者集中，它一方面能够帮助经营者获取数据资源，另一方面，又对市场进入难易程度、市场结构和消费者福利等方面产生影响，故而引发反垄断关注。在各国竞争执法实践中已经出现了引发争议的案例，如微软收购领英案、脸书收购 WhatsApp 案、谷歌收购 DoubleClick 案等。在我国，国家市场监督管理总局在2020年12月至2021年11月间对近年来已经实施的83起违法经营者集中案件进行了查处，案件中的收购方多为阿里、腾讯、苏宁、丰巢、滴滴等互联网企业，被收购或合营方除互联网行业外，还涉及奶制品、冶金原料、体育、金融、工业品、汽车服务等传统行业。国家市场监督管理总局对这83起案件做出了完全一致的违法事实判断，认为上述案件都不具有排除、限制竞争的效果，只对每项应该申报而未申报的集中行为处以50万元罚款的行政处罚。上述案件充分说明，源自传统经济的经营者集中反垄断法规制制度在数字经济下面临着适用性的挑战。

[①] 翟巍.《德国反限制竞争法》数字化改革的缘起、目标与路径——《德国反限制竞争法》第十次修订述评[J]. 竞争法律与政策评论，2020，6（00）：25-37.

[②] 例如，2021年2月国务院反垄断委员会发布了《关于平台经济领域的反垄断指南》。

1.1.2　研究意义

1.1.2.1　理论价值

目前，推动我国数字经济体量级数增长的原动力来自数字的产业化进程和产业的数字化进程。数字产业化代表了信息技术的发展方向和最新成果，它推动了实体经济的转型发展和深刻变革，进而实现了产业数字化。[①]在此背景下，市场集中度在数字产业化和产业数字化的推动下不断提升，一个原因在于数字产业高技术门槛促使数字产业逐渐集中于实力雄厚的大型经营者手中，另一个原因在于传统行业的数字化转型进程不断提速。然而术业有专攻，传统行业数字化转型的难点在于数字技术对传统商业模式的改造与创新。传统行业经营者为了在短期内完成传统产业数字化转型，实施经营者集中是最好的选择。2020 年美国石油化工巨头 Koch 公司以 130 亿美元收购以企业级数据管理见长的 Infor 公司，金融服务巨头 Morgan Stanley 公司以 130 亿美元的价格收购了在线支付平台 E*Trade 公司等集中事件体现了传统行业对于数字化转型的迫切需要，同时也给经营者集中规制带来挑战。

为了应对挑战，我国学者指出在数字经济下出现的平台合并问题、数据驱动型经营者集中申报标准问题和集中后经营者的混合垄断行为等问题，需要经营者集中规制制度给予回应和完善。[②]笔者认为在数字经济背景下，从数据要素区别于其他生产要素的特征出发，将经营者集中规制链条中的每一个环节进行彻底的剖析、整理和重构是数据驱动型经营者集中规制制度的再造路径之一。数字经济下的经营者集中规制制度的再造不是对传统经济下相关制度的简单修补，而是从集中规制制度的立法目标到规制方法的整体性创新，是将数字经济下的经营者集中反垄断法规制理论研究成果和可借鉴的执法实践相结合的过程。只有在数字经济竞争规制理论框架基础上，结合经营者集中反垄断法规制特点，才能实现其维护公平竞争和保护消费者福利的规制目标。

---

① 中国信息通信研究院 . 中国数字经济发展与就业白皮书 (2019 年)[EB/OL]. http://www.caict.ac.cn/kxyj/
　　qwfb/bps/201904/P020190417344468720243.pdf, p2,2021–12–01.

② 丁国峰 . 大数据视角下的《反垄断法》修订 [J]. 竞争法律与政策评论，2020，6（00）：19–22.

1.1.2.2　实践价值

工欲善其事，必先利其器。经营者集中规制制度的数字化创新的首要任务在于方法与手段的数字化改造。通过梳理经营者集中规制制度的发展历史可以发现，每一个核心制度的背后都有强大技术方法和手段的支持，例如，界定传统地域和产品相关市场时的假定垄断者测试方法，从美国 1982 年在其《横向合并指南》中首次提出后，在经营者集中规制中一直发挥着重要的作用。随着经济社会的发展，为了使该方法能够与时俱进，理论界不断地提出改进构想及方案，提出了以成本、质量为核心的假定垄断者测试的改造路径。为了解决传统经营者集中规制制度在数字经济下的适用性问题，文中提出了一些经营者集中规制方法的改进思路，例如，考虑数据特征的动态经营者集中申报机制、以个人信息保护等质量因素为核心的数据相关市场界定方法、以数据网络效应为基础的竞争分析方法和数据驱动型经营者集中的行为性救济方法等。笔者希望通过发现数字经济下经营者集中规制的特殊规律，分析现有规制路径在数字经济下的适用性问题，增减、改造和创设适用数据驱动型经营者集中的规制环节，完善集中规制体系。此外，希望本研究能够给未来我国数字经济下反垄断法的修改提供些许有价值的建议。

1.2　文献综述

1.2.1　对数据实施反垄断法规制的必要性

数据是数字经济的核心要素，关于数据领域反垄断法规制的必要性研究，域外研究较多，并且在早期存在较大争议。反对数据领域反垄断法规制的学者认为：①数据来源无限制。数据的普遍存在性和可获得性特征决定经营者既可以通过自身能力生成数据，也可以从众多渠道获取数据；②数据不会形成市场进入壁垒。数据在收集、存储、分析和使用的整个生命周期都不会遇到市场进入的障碍。由于任何人都可以获得数据资源，所以经营者之间的竞争不会因数据而展开，当然也就没有反垄断法介入的必要。在数据领域适用反垄断法的结果只能是损害市场竞争效率，进而间接影响消费者福利。Darren S. Tucker 和 Hill B. Wellford（2014）

认为大数据具有普遍存在性和非竞争性，大数据适用反垄断法会侵害消费者福利。[1]Sokol, D. Daniel 和 Comerford, Roisin E.（2016）认为，大数据具有客观存在性、竞争中立性和多宿主性等特征，通过这些特征可以证明大数据与市场进入壁垒形成之间不存在相关性，也不会给数据资源的拥有者带来竞争力提升的机会，大数据只会不断地促进经营者自身创新能力的提升，为消费者提供或免费、或质优的产品或服务。[2]Lambrecht 和 Tucker（2015）基于管理学的视角，认为企业资产是否具有市场竞争优势，应从不可得性、稀缺性、价值性和不可替代性等四个特征出发进行论证，而数据的可获得性、可替代性等特征恰恰证明了它是无法被某一经营者所垄断而形成持久竞争优势的，这就更加证明了数据领域反垄断法规制的非必要性。[3]Colangelo, Giuseppe 和 Maggiolino, Mariateresa（2017）认为普遍性和可获得性特征凸显了大数据获取渠道的多样性和广泛性，而渠道的多样性和广泛性决定了大数据是无法构成市场进入壁垒的。[4]综上，反对将大数据纳入反垄断法规制范围的基本逻辑是：数据不是一般意义上的市场竞争资源，这是由它在数字经济下的特征决定的，如果对其进行反垄断限制会导致社会效率的降低和消费者福利损害的不良后果。

支持将大数据纳入竞争规制范畴的学者普遍认为，大数据领域不应成为反垄断的法外之地。Grunes 和 Stucke（2015）认为，经营者热衷于实施数据驱动型经营者集中行为的事实证明了大数据具有排他性的竞争特质，说明了数据的普遍存在性和可获得性是受限制的，拥有数据实际控制权的经营者有足够的动机和能力垄断数据获取的渠道。[5]他们还证明了针对大数据领域实施反垄

[1] Tucker, D. S.& Wellford, H. Big Mistakes Regarding Big Data[DB/OL]. https://ssrn.com/Abstract=2549044, 2021-12-01.

[2] Sokol, D. D.& Comerford, R. Antitrust and Regulating Big Data[J]. Geo. Mason L. Rev., 2015, 23: 1129.

[3] Lambrecht, A.& Tucker, C. E. Can Big Data Protect a Firm from Competition?[DB/OL]. https://ssrn.com/abstract=2705530, 2021-12-01.

[4] Colangelo, G.& Maggiolino, M. Big Data as Misleading Facilities[J]. European Competition Journal, 2017, 13(2-3): 249-281.

[5] Grunes, A. P.& Stucke, M. E. No Mistake about It: The Important Role of Antitrust in the Era of Big Data[DB/OL]. https://ssrn.com/abstract=2600051,2021-12-01.

数据驱动型经营者集中与反垄断法规制

断法规制的必要性及合理性。[①]Boutin 和 Clemens（2017）认为一些学者反对将大数据领域纳入反垄断法规制范畴的主要原因在于未能对大数据概念进行恰当的界定，他们提出了反垄断法语境下的大数据概念，认为大数据是一种迅速收集和处理海量、多样数据集的能力，进而证明了大数据领域实施反垄断的必要性。[②]Schepp 和 Wambach（2016）认为消费者享有大数据带来福利的事实并不能成为拥有数据控制权的经营者设置市场进入障碍和获得排他性竞争优势的理由。[③]近两年来，随着理论研究的深入，竞争执法机构从更为具体的数据竞争领域论证了大数据领域反垄断法规制的必要性。例如，美国众议院司法委员会在其《数字化市场竞争调查报告》（2020）中指出，在数字经济中存在战略性收购行为（Killer Acquisition）。特别是在搜索引擎、在线广告等典型的数字化市场中，主导性经营者通过集中行为获得垄断地位，缓解自身竞争压力，通过关闭或终止被集中经营者产品或服务避免竞争冲突，消除实际或潜在的竞争对手。[④]战略性收购的一方当事人通常是在某一相关市场具有竞争优势地位的经营者，而另一方当事人往往是初创性创新型经营者，与前者相比较，后者具有的竞争优势体现在数据、算法和算力等方面。美国的报告对战略性收购行为的竞争关注表明，数据相关经营者集中存在着一定的反垄断法规制必要性。

国内理论界对大数据反垄断法规制多持赞成态度，从不同的角度论证了大数据反垄断法规制的必要性。陈兵（2020）认为，当前经营者实施数据驱动型集中行为的主要目的在于拥有更多的数据量以及获取对数据的控制能力，该行为往往不会导致经营者市场份额以及营业额的显著提升，也不会使其市场竞争力增强。在相关市场和非相关市场上的集中行为，完全能够使经营者在不触发现有集中申报标准的前提下，增强其对数据的控制能力，进而形成竞争优势。这种竞争优势具有很强的传导性，一方面可以帮助经营者在非相关市场上获得优势的市场竞争

---

① Maurice, E. S.& Grunes, A. P. Big Data and Competition Policy[M]. Oxford: Oxford University Press , 2015: 2–3.

② Boutin, X.& Clemens, G. Defining 'Big Data' in Antitrust[J]. Competition Policy International: Antitrust Chronicle, 2017，1（02）: 22–28.

③ Schepp, N. P. & Wambach, A. On Big Data and Its Relevance for Market Power Assessment[J]. Journal of European Competition Law & Practice, 2016,7(2): 120–124.

④ Subcommittee on Antitrust, Commercial and Administrative Law of the Committee on the Judiciary. Investigation of Competition in the Digital Markets[R]. 2020 : 38.

地位；另一方面通过数据的持续获取，巩固其在该市场及其他市场上的竞争优势。经营者的竞争优势进而被放大到整个数字经济领域当中，形成赢家通吃的竞争局面。①冯惠玲（2017）认为数据在国民经济增长过程中起到了非常关键的作用，它不只在某一狭窄的管理领域发挥作用，它已经成为经营者之间竞相争夺的重要资源，在现代企业发展过程中发挥着重要的作用。②孙晋和钟原（2018）认为数据不再只是以原料的身份参与到企业经营之中，以数据为终端产品的市场正在逐渐形成和发展。在这样的背景下，数据形成的市场进入壁垒将对正常竞争秩序产生负面的影响，故应对其进行反垄断法规制。③刘志成和李清彬（2019）认为经营者对其拥有的海量数据资源进行整合能够在一定程度上提高其生产效率，但数据的过度集中会导致其竞争对手获取数据的渠道受限，从而产生反竞争效果。④曾雄（2017）对数据驱动型商业模式的运行机理进行了研究，他认为数据的正反馈效应能够提高经营者产品或服务的质量，经营者基于消费者数据的分析能够实现自我的创新性发展，最终可能导致赢家通吃的市场竞争态势。⑤韩伟（2018）指出经营者为了保持持续的竞争优势地位，可能实施战略性并购（原文中称为先发制人式并购）。这是数字经济下亟待解决的垄断新问题。⑥陈兵（2018）认为传统的竞争法所注重的事中与事后的监管理念已不符合数字经济下以数据为核心的市场竞争规制要求，经营者"挟用户（数据）以令天下"的情况已有发生。⑦杨东（2019）指出互联网平台为了获取数据优势，可能会采取较为激进的并购策略。⑧叶明等（2021）认为，优势企业通过横向或纵向的数据驱动型并购行为吞并具有发展潜力的中小型企业，形成细分领域数据优势甚至支配地位，并通过数据传导优势构建多领域生态链，拓宽优势领域，使中小企业的发展空间被压缩，优势企业在具

① 陈兵. 如何看待"数据垄断"[N]. 第一财经日报，2020-07-28（A11）.
② 冯惠玲. 大数据的权属亟须立法界定 [J]. 中国高等教育，2017（06）：53-54.
③ 孙晋，钟原. 大数据时代下数据构成必要设施的反垄断法分析 [J]. 电子知识产权，2018（05）：38-49.
④ 刘志成，李清彬. 把握当前数据垄断特征 优化数据垄断监管 [J]. 中国发展观察，2019（08）：45-48.
⑤ 曾雄. 数据垄断相关问题的反垄断法分析思路 [J]. 竞争政策研究，2017（06）：40-52.
⑥ 韩伟. 数字经济时代中国《反垄断法》的修订与完善 [J]. 竞争政策研究，2018（04）：51-62.
⑦ 陈兵. 大数据的竞争法属性及规制意义 [J]. 法学，2018（08）：107-123.
⑧ 杨东. 对超级平台数据垄断不能无动于衷 [N]. 经济参考报，2019-06-26（008）.

有垄断地位后疲于应对消费者，怠于创新，最终造成行业竞争减损、消费者福利降低的局面。[①]

1.2.2　数字经济下的相关市场界定

Ratliff 等（2010）对线上与线下广告市场之间的竞争联系进行了研究，通过理论研究发现线上广告的价格下降能够影响到线下广告的价格下降，但线上和线下广告之间的替代关系不能够通过广告主对二者的同时购买行为加以证明。[②] Goldfarb 等（2010）在 Ratliff 的基础上对线上线下广告之间的替代关系进行了进一步研究，通过实证研究发现，线下广告的价格下降同样影响了线上广告价格的下降，进而证明了线上广告市场与线下广告市场之间具有需求替代关系。但要界定二者是否同属一个相关产品市场，还需对其之间的交叉弹性进行进一步研究。[③] 针对传统相关市场界定方法在数字经济下的适用问题，Baye（2008）通过对在线零售市场的研究发现互联网行业的相关市场界定和竞争审查具有区别于传统行业的特征，他指出相关市场界定仅是一种经营者集中竞争分析的方法论工具，而非目的本身。在个案中，在线零售市场竞争的复杂性会导致相关市场界定的结果出现分歧。[④] Kaplow（2010）认为在互联网经济下，市场份额等传统的相关市场界定手段在经营者集中规制中的作用有限。原因在于，首先，市场份额只适用于具有同质化特征产品的相关市场界定，由于在异质化产品市场中，市场份额界定相关市场的机制与同质化市场存在较大差异，故不能简单适用；其次，由于行业差异的存在，通过市场份额界定相关市场的标准无法实现统一，而进行个案分析势必给其带来很大的不稳定性。再次，通过市场份额界定相关市场进而确

---

① 叶明,李鑫. 大数据领域反垄断规制的理论证成与制度构建 [J]. 科技与法律（中英文）. 2021(01): 1–9.

② Ratliff, J. D.& Rubinfeld, D. L. Online Advertising: Defining Relevant Markets[J]. Journal of Competition Law and Economics, 2010, 6(3): 653–686.

③ Goldfarb, A.& Tucker, C. Substitution between Offline and Online Advertising Markets[J]. Journal of Competition Law and Economics, 2011, 7(01): 37–44.

④ Baye, M.R. Market Definition and Unilateral Competitive Effects in Online Retail Markets[J]. Journal of Competition Law and Economics, 2008,4(3): 639–653.

定市场力量的过程中存在循环论证的缺陷；最后，界定相关市场的方法缺少必要信息的支持。[1]Hovenkamp（2012）证明了 2010 版美国并购指南中的观点，认为相关市场界定不是经营者集中竞争审查的必要环节。[2]Markovits（2012）赞同 Hovenkamp 的观点，更为极端地认为相关市场界定在经营者集中规制中并无价值。[3]Evans 和 Mariscal（2014）认为，相关市场界定的主要目的在于评估经营者在市场竞争中的受限程度，因此可以通过评估市场进入的难易程度和买方势力的高低程度等因素替代相关市场界定来考查经营者的竞争受限程度。[4]针对上述观点，一些学者发出了反对的声音：Coate 和 Simons（2012）认为放弃相关市场界定具有一定的合理性，但他们通过实证研究也发现，出于执法成本和执法可操作性的考量，相关市场界定仍然是评估市场竞争势力最为行之有效的手段。[5]Cameron 等（2012）赞同 Coate 和 Simons 的观点，认为瑕不掩瑜，相关市场界定依然是最有效的市场势力评估工具，Kaplow 等人之所以提出相关市场界定无用论的观点在于他们缺乏对市场进入、买方势力和创新等直接评估市场力量工具可行性的了解，且放大了相关市场界定的缺陷。[6]

在国内，陈兵（2021）提出当前数字经济领域相关市场界定面临的主要挑战来自：①功能替代性视域下界定相关商品市场的困境；②多边（平台）市场结构下相关市场界定的困难；③创新、用户（注意力）以及数据等多维度的非价格竞争要素削弱了价格要素对界定相关市场的作用。他对假定垄断者测试法、盈利模式测试法和直接证据法等相关市场界定方法在数字经济下的适用性问题进行了探讨，认为只有在厘清相关市场界定的基本逻辑和明确基于需求替代识别相关市场

① Kaplow, L. Why (ever) Define Markets[J]. Harvard Law Review, 2010, 124: 437.

② Hovenkamp, H. Markets in Merger Analysis[J]. The Antitrust Bulletin, 2012, 57(4): 887–914.

③ Markovits, R. S. Why One Should Never Define Markets or Use Market-Oriented Approaches to Analyze the Legality of Business Conduct under US Antitrust Law: My Arguments and a Critique of Professor Kaplow's[J]. The Antitrust Bulletin, 2012, 57(4): 747–885.

④ Evans, D. S.& Mariscal, E. V. Market Definition Analysis in Latin America with Applications to Internet-Based Industries[J]. ISJLP, 2013, 9: 531.

⑤ Coate, M. B.& Simons, J. J. In Defense of Market Definition[J]. The Antitrust Bulletin, 2012, 57(4): 667–717.

⑥ Cameron, D., Glick, M. & Mangum, D. Comments on Articles in the Kaplow Special Issue[J]. The Antitrust Bulletin, 2012, 57(4): 957–960.

数据驱动型经营者集中与反垄断法规制

上竞争约束的意义的基础上，转向以非价格要素为重心的需求替代分析方法才是相关市场界定在数字经济下的调整方向。[1]针对相关产品市场界定的传统工具在数字经济下的适应问题，孙晋（2021）认为，未针对双边平台特点修正的假定反垄断测试方法（SSNIP）会把相关市场界定得比"最小替代产品集合"更小，过窄的相关产品市场界定将会影响后续竞争分析的准确性。[2]叶明（2014）指出，互联网产品的开发技术和商业模式的相似性导致它们之间的界限不再清晰，产品功能的可替代性因而随之增强，它们的线上线下销售渠道极具可替代性，这就使定性的产品替代性分析方法遭遇困境。王健等（2021）认为，在数字经济时代存在相关市场界定的难题，在数字经济中因为价格手段的失灵，使得通过调控价格进行需求替代分析来界定相关市场的方式在数字市场的环境下难以适用。[3]杨东等（2020）认为，质量是数据驱动竞争的核心，以价格为核心的相关市场界定范式需要根据平台数据竞争的个案情况进行调整。[4]关于平台双边相关市场的界定，王先林等（2021）认为相关时间市场并不是平台竞争的核心，所以在相关产品市场界定中予以关注即可，没必要单独界定，相关平台市场的重心应放在相关产品市场的界定上，而平台相关产品市场界定的难点在于双边市场的界定，将平台市场分为交易型市场和媒介型市场可极大降低平台相关市场界定的难度，并认为以平台服务内容为主要依据，进行消费者一端的相关产品市场替代分析的界定方案，都是精简且有效的。[5]黄勇（2014）认为，双边市场的双向正反馈效应扩大了经营者集中规制的相关市场范围，经营者在双边市场任何一边竞争势力的增强多会传导到另一边市场上，进而提高了另一边市场上潜在竞争者的进入门槛，经营者更加容易在另一边市场形成竞争支配地位，只有在具有单向负反馈效应的双边市场

---

① 陈兵. 数字经济下相关市场界定面临的挑战及方法改进 [J]. 中国流通经济，2021, 35（02）：3–12.

② 孙晋. 数字平台垄断与数字竞争规则的建构 [J]. 法律科学 (西北政法大学学报)，2021, 39（04）：63–76.

③ 王健，姜厚辰. 互联网平台经营者集中：风险、挑战与应对 [J]. 江南大学学报 (人文社会科学版)，2021（05）：2–10.

④ 杨东，臧俊恒. 数据生产要素的竞争规制困境与突破 [J]. 国家检察官学院学报，2020, 28（06）：143–159.

⑤ 王先林，曹汇. 平台经济领域反垄断的三个关键问题 [J]. 探索与争鸣，2021（09）：54–65+178.

上传统的相关市场界定才更具意义。[①②] 李丹（2021）认为，与传统经济相比较，数字经济领域相关市场界定仍然重要，并提出了通过降低服务质量和通过分析平台盈利端的供给替代界定相关市场的思路。[③] 仲春（2021）认为，从平台链接的用户双方角度定义产品并分别考虑市场竞争性产品的替代性，以及各个市场面临的竞争约束做法可行，双边平台或者多边平台相关市场界定并非反垄断执法不可逾越的困难，对其分析并未超越传统反垄断法的分析框架。而相关市场一旦确定，市场份额计算的难题往往也就迎刃而解。[④]

1.2.3　数据驱动型经营者集中申报标准

国内学者对经营者集中申报标准的研究成果较为丰富。方小敏（2008）认为，在设置经营者集中申报标准时，需要综合考虑地域相关性、经营者的市场竞争力及其成本承受能力、申报质量和竞争执法机构的审查效率等因素。[⑤] 姜奇平（2011）认为坚持沿用传统的市场份额申报标准是对网络经济下普遍存在的免费商业模式和平台特征的漠视，是对数字技术发展和商业模式创新变化的低估。市场份额申报标准只适用于传统经济下经营者集中规制范围的界定，如将其适用于网络经济将导致效率的损害。[⑥] 胡丽（2013）认为，源自传统经济下的市场份额标准不再是新经济下判断市场支配地位的主要因素，它已无法适应互联网经济下经营者集中反垄断法规制的要求。[⑦] 杨文明（2014）认为在互联网经济下市场份额对市场力量的判断同时存在着减弱和增强的正负效应，只有综合其他因素才能有效避免其负面效应的影响。[⑧] 蒋岩波（2017）认为，在互联网经济下经营者的市场规模比盈

---

① 黄勇、申耘宇. 论互联网反垄断民事诉讼的多重功能 [J]. 法律适用，2014（07）：8-13.
② 叶明. 互联网对相关产品市场界定的挑战及解决思路 [J]. 社会科学研究，2014（01）：9-16.
③ 李丹. 平台企业的垄断行为规制研究 [J]. 经济法论丛，2021（01）：55-69.
④ 仲春. 我国数字经济领域经营者集中审查制度的检视与完善 [J]. 法学评论，2021，39（04）：140-150.
⑤ 方小敏. 经营者集中申报标准研究 [J]. 法商研究，2008（03）：79-86.
⑥ 姜奇平. 以市场份额定垄断将伤害互联网 [J]. 互联网周刊，2012（09）：6.
⑦ 胡丽. 互联网企业市场支配地位认定的理论反思与制度重构 [J]. 现代法学，2013，35（02）：93-101.
⑧ 杨文明. 市场份额标准的理论反思与方法适用——以互联网企业市场支配地位认定为视角 [J]. 西北大学学报（哲学社会科学版），2014，44（03）：68-75.

数据驱动型经营者集中与反垄断法规制

利水平更具竞争力量的代表性，其中一个原因是市场规模是互联网经济下经营者生存与发展的关键，另一个原因是互联网经济下经营者的盈利方式和渠道具有多元性特征。[1] 叶明等（2019）认为，由于营业额申报标准单一滞后、营业额计算方法不明确和兜底条款未起到真正作用等原因，在互联网经济下存在被集中的经营者在集中前未达到申报标准，而集中后的经营者资产迅速扩张的现象。因此，有必要引入流量、交易额和数据等标准建立动态的综合性申报体系标准。[2] 徐瑞阳（2016）认为应将现有的营业额与难以量化的对数字经济竞争起重要作用的因素相结合来改造现有的法定申报标准。[3] 林森相和卢晴川（2017）指出我国单一营业额标准或导致不能及时发现集中行为引发的竞争风险，增设市场份额标准建构多元化、可选择性的申报标准或将成为破题路径。[4] 郭传凯（2018）认为营业额标准无法发挥竞争执法机构的能动作用，使其无法根据竞争环境的变化发挥其应有的自由裁量权力，在互联网经济下竞争执法机构应该在不断总结实践经验的基础上制定反映控制变化的交易额标准。[5] 黄晋（2016）指出现有营业额标准的计算方法与会计制度中规定的核算方法之间的差异使得计算结果模糊不清，可通过增加资产额或交易额标准提升互联网企业营业额标准的明确性。[6] 蒋亚男（2016）认为在网约车行业营业额标准存在申报范围模糊、行业区分度不足和缺乏动态调整等问题，应引入交易额标准。[7] 王晓晔（2020）认为通过交易额水平能够看出集中后经营者未来的市场竞争潜力，故应学习德国的做法，扩大经营者集中的申报范围，将具有未来市场竞争潜力的集中行为纳入规制范围。[8] 王健等（2021）认为在互联

---

① 蒋岩波. 滴滴收购优步中国经营者集中案例的反垄断法分析 [J]. 经济法研究, 2017, 19（02）: 207-219.

② 叶明, 梁静. 我国移动互联网领域经营者集中申报标准问题研究 [J]. 竞争政策研究, 2019（06）: 20-28.

③ 徐瑞阳. 论经营者集中申报标准实施机制的完善 [J]. 法学家, 2016（06）: 146-161+180.

④ 林森相, 卢晴川. 以效率价值主导的经营者集中申报标准重构——以滴滴出行与 Uber 中国合并为切入点 [J]. 东南大学学报（哲学社会科学版）, 2017, 19（S2）: 51-56.

⑤ 郭传凯. 互联网平台企业合并反垄断规制研究——以"滴滴""优步中国"合案为例证 [J]. 经济法论丛, 2018（01）: 408-442.

⑥ 黄晋. 滴滴收购优步的交易应该受到限制 [N]. 经济参考报, 2016-08-16（008）.

⑦ 蒋亚男. 我国出租车行业反垄断法律研究 [D]. 博士学位论文, 辽宁大学, 2016.

⑧ 王晓晔. 我国《反垄断法》修订的几点思考 [J]. 社会科学文摘, 2020（05）: 73-75.

网平台经营者集中规制中存在申报标准不合理问题，主要体现在互联网平台营业额难以计算和营业额标准不能准确反映互联网平台竞争实力两个方面，提出了构建综合性申报标准的解决方案。针对未达到营业额和交易规模标准的大型互联网平台并购，建立推定互联网支配地位企业并购行为违法制度。① 李剑（2021）在经营者集中强制申报制度的成本、收益分析框架下指出，由于强制申报往往采用统一的申报门槛，现实中必定存在不符合申报标准，但可能严重影响相关市场竞争的交易，仍然需要通过审查来予以禁止或救济，可通过赋予竞争执法机构主动调查权和对已经完成的集中交易查处权予以应对。② 叶明等（2021）认为，应将营业额进行创新性定义，在销售额的内涵中，增加数据资产这一指标，重视企业处理、控制数据的能力。在具体操作中，可以引入第三方评估机构对并购双方的数据资产进行客观评估及灵活性的评判。③ 仲春（2021）认为，针对互联网为代表的数字经济领域制定特定的申报标准具有可操作性。更加灵活和全面的审查标准，将使竞争执法机关更全面地审视市场并购行为对竞争的影响。当然，合理交易门槛的设定也同时要保持平衡，即不过度加重合并方的申报义务以及将竞争执法机构的执法资源过度消耗在反竞争效果可能性低微的交易上。④

1.2.4　数据驱动型经营者集中竞争分析

1.2.4.1　非价格竞争因素

Maurice E 等（2019）认为，价格的可测性使其成为备受竞争审查青睐的因素，相反质量的非可测性成为其备受冷落的主要原因。⑤ OECD（2013）指出，各国竞争执法机构达成以下共识，质量是推动创新和经济增长的动力，是市场竞争的重

---

① 王健，姜厚辰. 互联网平台经营者集中：风险、挑战与应对 [J]，江南大学学报（人文社会科学版），2021（05）：2-10.

② 李剑. 经营者集中强制申报制度的实效与转变 [J]. 交大法学，2021（04）：59-77.

③ 叶明，李鑫. 大数据领域反垄断规制的理论证成与制度构建 [J]. 科技与法律（中英文）. 2021（01）：1-9.

④ 仲春. 我国数字经济领域经营者集中审查制度的检视与完善 [J]. 法学评论，2021，39（04）：140-150.

⑤ 莫里斯·E. 斯图克，艾伦·P. 格鲁内斯. 大数据与竞争政策 [M]. 兰磊. 译. 北京：法律出版社，2019：132.

要因素。与价格的上升相似,质量下降同样会对消费者造成伤害,因此保持和提高质量是竞争政策的一个重要目标。但 OECD 也认为,质量评估是一项主观性极强的复杂而不精确的工作,涉及主观因素的平衡问题。在存在公认质量量化指标的行业,如医疗保健行业等,可以评估合并对质量的影响。而在缺少公认质量量化指标的行业,OECD 可能会尽量避免进行质量评估。[①] Ezrachi 等(2015)认为质量水平无法通过价格进行体现,竞争执法机构应单独确定质量的组成成分和成分之间的先后次序。质量的组成成分可以从垂直和水平两个维度进行划分,垂直维度是指所有消费者认同的有价值的质量成分,水平维度则是指个性化、差异性的质量成分。无论是垂直维度的质量成分还是水平维度的质量成分,对其进行排序的主观性较强,无法统一。另外,他们还认为 SSNDQ 测试方法在竞争分析中的效果并不明显。[②] 欧盟委员会(2014)认为,服务的可靠性和个人数据的隐私保护是非价格竞争的重要参数。[③] Ohlhausen 等(2015)认为,可从损害类型、损害范围和救济的有效性三个方面分析个人隐私问题对市场竞争的影响。[④] Hoehn, Rab and Saggers 等(2009)认为,竞争执法机构应将互联网行业横向集中竞争审查的重点放在市场力量的评估上,而纵向集中竞争审查的重点在于集中行为导致的市场力量的纵向传导和封锁效应。[⑤]

在国内,张媛筑(2018)认为,免费商业模式使数据驱动的竞争核心不再聚焦于价格,与数据相关的非价格因素如创新、质量等成为竞争核心。[⑥] 杨东等(2020)认为,数据通过增强网络效应、提升经营者决策能力、降低平台的多宿主性以及促进创新以维持市场支配地位等几个方面来影响市场竞争,竞争执法机构无法通过价格因素对上述数据对市场竞争的影响做出准确的评估,故应考虑价格以外的

---

① OECD. Quality Report, 2013, p 22 and p78.

② Ezrachi, A.& Stucke, M. E. The Curious Case of Competition and Quality[J]. Journal of Antitrust Enforcement, 2015, 3(2): 227–257.

③ Facebook/WhatsApp (Case Comp/M.7217), Commission Decision C(2014) 7239 final, 3 October 2014, para 87.

④ Ohlhausen, M. K.& Okuliar, A. P. Competition, Consumer Protection, and the Right [Approach] to Privacy[J]. Antitrust Law Journal, 2015, 80(01): 121–156.

⑤ Hoehn, T., Rab, S.& Saggers, G. 'Breaking up is Hard to Do': National Merger Remedies in the Information and Communication Industries[J]. ECLR, 2009, 30(5): 255–276.

⑥ 张媛筑. 竞争法上使用数据之应有定位与可能造成之影响 [J]. 公平交易季刊, 2018, 26(04): 125–164.

其他因素。[①] 吴振国（2019）认为，数据在数字经济市场竞争中的地位特殊，故应将其纳入经营者集中竞争分析的框架之内。[②] 李剑（2021）认为，基于竞争在数据隐私保护上的局限性，数据隐私很难作为反垄断法的重要分析因素。[③]

1.2.4.2　数据相关竞争分析

黄勇等（2014）发现数据的正、负外部性效应对相关市场界定和市场支配地位认定存在差异。[④] 王健等（2021）认为数字经济时代竞争评估的具体考查因素亟待更新，提出从重视企业优势传导作用和加强对初创企业并购的竞争效果评估的角度革新竞争效果评估方法。[⑤] 王先林等（2021）对大型平台对初创企业的扼杀型并购进行了竞争损害分析，并提出了将交易额纳入申报门槛、构建分类审查机制和拓展积极审查与干预手段的大型平台无序并购的控制方案。[⑥] 孙晋（2021）也提出了在数字经济领域中大型在位企业收购小型初创企业受到的监管过分宽松的问题。[⑦] 李丹（2021）认为，平台企业能从数据、网络外部性和市场进入壁垒三个方面形成竞争优势。其中，数据能够形成信息优势和时间优势，网络外部性优势体现为交叉网络外部性优势和单边网络外部性优势，数据开发和数据集中会导致市场壁垒优势的产生。[⑧]

1.2.5　经营者集中行为性救济

在国外，欧盟委员会竞争总司在《合并救济研究报告》（2005）中对开放承诺的实施效果进行了评估，发现并分析了开放承诺制度在实施过程中存在的问题，

① 杨东，臧俊恒. 数据生产要素的竞争规制困境与突破 [J]. 国家检察官学院学报，2020，28（06）：143-159.
② 吴振国. 适应经济社会发展 强化科学审慎监管 [N]. 中国市场监管报，2019-08-31（002）.
③ 李剑. 互联网反垄断能促进数据隐私保护吗?[J]. 商业经济与管理，2021（05）：85-97.
④ 黄勇，申耘宇. 论互联网反垄断民事诉讼的多重功能 [J]. 法律适用，2014（07）：8-13.
⑤ 王健，姜厚辰. 互联网平台经营者集中：风险、挑战与应对 [J]. 江南大学学报（人文社会科学版），2021（05）：2-10.
⑥ 王先林，曹汇. 平台经济领域反垄断的三个关键问题 [J]. 探索与争鸣，2021（09）：54-65+178.
⑦ 孙晋. 数字平台垄断与数字竞争规则的建构 [J]. 法律科学（西北政法大学学报），2021，39（04）：63-76.
⑧ 李丹. 平台企业的垄断行为规制研究 [J]. 经济法论丛，2021（01）：55-69.

数据驱动型经营者集中与反垄断法规制

该报告的结论直接影响了 2008 年欧盟经营者集中救济制度的修订。在英国竞争委员会发布的《合并救济案例研究报告》（2008）中对行为性救济措施的案例进行了实证研究。美国司法部《合并救济政策指南》（2011）肯定了行为性救济的价值和作用并引发全球范围的行为性救济适用问题的讨论。Hoehn 对欧洲主要国家 2000 年至 2008 年经营者集中救济案例进行了实证研究，认为在传统经济下，行为性救济措施实施比重并不小。在其研究的 234 个案例中，单独实施行为性救济措施的案件有 76 个，占比 32.5%，实施混合性救济措施的案例有 55 个，占比 23.5%。即实施行为性救济案例占比 56%。在网络和基础设施领域内的 92 个案例中，有 31 个案例单独采用了结构性救济，61 个案例涉及行为性救济，占比 66%。[1]Posner（2009）针对互联网产业经营者集中救济的实施问题提出若干建议，例如建立有关专家咨询机制等。[2] Owen（2008）认为行业特征导致相关市场的复杂性与维度各不相同，因此不存在统一的反垄断法救济措施，应根据行业特征制定差别化的救济指南。[3] Leveque 和 Shelanski 认为，高新技术产业经营者集中的效率性和未来不确定性增大了对其实施救济监督的必要程度，虽然灵活的行为性救济同样面临较大的监督问题，但它仍然是该领域中最为合适的救济措施。[4]

在国内，袁日新（2012）认为高新技术产业具有以下特征：①高新技术产业的产品或服务定期迭代；②创新是高新技术产业竞争过程中的重要因素；③高新技术产业的网络效应具有正负效果。上述特征增加了该领域救济制度设计的难度。[5] 袁日新（2014）认为互联网产业经营者集中救济的适用分析方法和适用类型与传统产业存在差异，在不同国家、不同发展阶段和不同市场状况下

---

① Hoehn, T. Structure Versus Conduct - a Comparison of the National Merger Remedies Practice in Seven European Countries[J]. International Journal of the Economics of Business, 2010, 17(01): 9–32.

② Posner, R. A. Antitrust Law[M]. Chicago: University of Chicago press, 2009:1–2.

③ Owen, B. M., Sun, S. & Zheng, W. China's Competition Policy Reforms: The Anti–Monopoly Law and Beyond[J]. Antitrust Law Journal, 2008, 75(01): 231–265.

④ Lévêque, F. Merger Remedies in American and European Union Competition Law[M]. Cheltenham: Edward Elgar Publishing, 2003：23.

⑤ 袁日新. 经营者集中救济设计的考量因素——基于欧美立法和执法经验的分析 [J]. 经济法论丛，2012（01）：57–81.

经营者集中救济的适用存在差异。[1] 王丽（2013）认为，为了有效发挥行为性救济措施的作用应关注以下几点：①个案甄别行为性救济措施可能带来的风险；②在效率目标和可实施性之间审慎选择行为性救济措施的具体类型；③确保行为性救济措施可以被有效和充分监管；④合理确定行为性救济的实施时间；⑤鼓励其他竞争者、消费者和行业监管者等多元监督主体的参与。[2] 吴振国和刘新宇（2012）针对不同类型并购案件救济方式的选择问题进行了研究。[3] 韩伟（2013）对经营者集中救济制度进行了系统的研究，特别针对不同交易类型的救济适用进行了梳理。[4] 刘武朝（2014）认为，经营者集中救济的事前特征给救济效果带来很大的不确定性；与结构性救济相比，在创新密集的高科技产业市场中行为性救济更有利于维持集中当事方的创新效率。[5] 李剑（2021）认为我国竞争执法机构偏爱行为性救济，从成本效益分析的角度来看，这会导致事前审查的必要性及收益的降低。[6] 仲春（2021）认为，在数字经济时代，企业市场份额的集中程度大大提升，赢者通吃的垄断地位已成常态。违背经济规律进行强制分拆并不合时宜，而是应着重约束集中后市场的滥用行为，避免大平台对消费者和平台经营者的裹挟，保证垄断市场份额下消费者的最大福利。

1.3 研究思路及方法

1.3.1 研究思路

笔者以经营者集中规制路径为研究主线，充分梳理数字经济下国内外既有经营者集中规制的理论文献、事例和各国竞争执法机构的案例，在此基础之上去发

---

① 袁日新. 互联网产业经营者集中救济的适用 [J]. 河北法学，2014，32（01）：63–71.

② 王丽. 经营者集中反垄断救济制度及其实施研究 [J]. 经济法研究，2013，12（00）：293–314.

③ 吴振国，刘新宇. 企业并购反垄断审查制度之理论与实践 [M]. 北京：法律出版社，2012：35.

④ 韩伟. 经营者集中附条件法律问题研究 [M]. 北京：法律出版社，2013：75.

⑤ 刘武朝. 经营者集中附加限制性条件制度研究——类型、选择及实施 [M]. 北京：中国法制出版社，2014：149–151.

⑥ 李剑. 经营者集中强制申报制度的实效与转变 [J]. 交大法学，2021（04）：59–77.

数据驱动型经营者集中与反垄断法规制

现数据驱动型经营者集中领域反垄断面临的焦点问题与挑战，继而针对相关市场界定、申报标准设置、竞争审查分析和救济制度等经营者集中规制的核心环节逐一进行分析和论证，发现源自传统经济的经营者集中规制制度在数字经济下的适用问题，并提出完善的基本思路，最后希望能够为我国数字经济下经营者集中规制带来些许价值和启示。本文由 8 个章节构成（见图 1.1），第 1 章绪论部分介绍了本研究的背景、意义、文献综述和思路方法等基本内容。第 2 章和第 3 章是全文的理论支撑，在第 2 章中，在界定了数据、经营者集中及数据驱动型经营者集中等重要概念的同时介绍了数据驱动型经营者集中的产生基础；第 3 章介绍了数据驱动型经营者集中反垄断法规制的正当性来源和经营者集中反垄断法规制的历史沿革，提出了目前数据驱动型经营者集中对反垄断法的四大挑战。在本文第 4 章中，介绍了相关市场界定的基本概念及制度变迁；认为时间因素对于数据相关市场界定具有重要意义，提出了基于产品生命周期理论的相关市场界定问题，并指出相关时间市场界定对于数据驱动型经营者集中规制具有一定的价值；针对传统经济下运用最为广泛的相关市场界定的假定垄断者测试，提出了适用数据相关市场界定的调整思路。第 5 章在介绍了经营者集中申报标准的基本概念及其制度变迁之后，提出了申报标准面临的维度单一和标准时效性差的不足。在第 6 章中，介绍了现有经营者集中审查依据的类型及法律内涵，提出了数据网络效应和以个人信息保护为代表的质量因素应成为数据驱动型经营者集中的重要审查依据。在第 7 章中，介绍了经营者救济的法律措施、运行机制和制度沿革，论证了数据驱动型经营者集中的行为性救济措施趋向，分析了数据驱动型经营者集中救济监督机制的不足并给出相应的改进思路。在文章最后，提出了从嵌入式修法到融通式立法的我国数字经济反垄断立法路径，给出了数据驱动型经营者集中规制制度完善的若干建议。

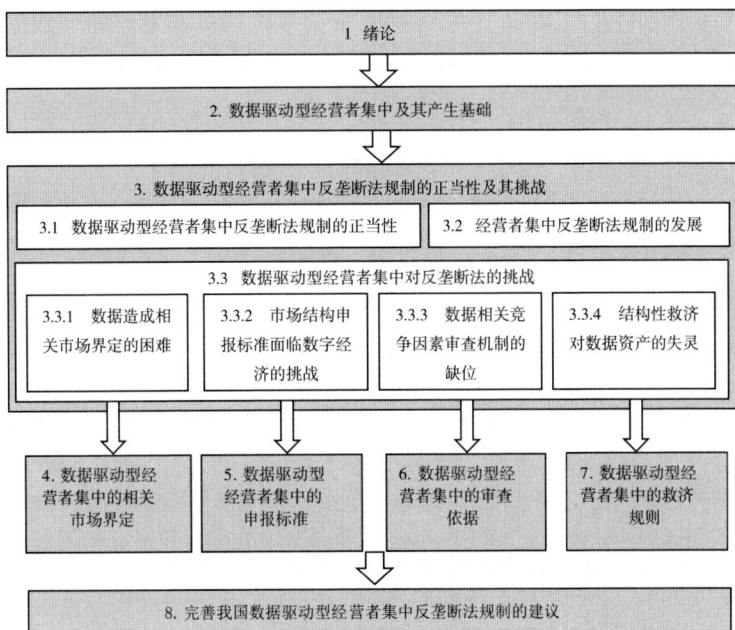

图 1-1 研究思路

1.3.2 研究方法

数据驱动型经营者集中的反垄断法规制是一个涉及多学科基础理论的研究领域，笔者在尽可能吸收反垄断法学、经济学、管理学、信息学和计算机科学与技术等相关学科原理和方法的基础上，坚持运用法学的思维模式对数据驱动型经营者集中规制过程中遇到的问题进行阐释。

1.3.2.1 比较分析法

竞争法与数字经济之间的官方讨论在世界各国普遍展开,其中包括欧盟的《数字经济中竞争政策面临的挑战》调研报告、欧盟的《数字平台中的交叉竞争》调研报告、德国的《竞争政策:数字市场的挑战》调研报告、欧盟监管中心（CERRE）发布的《大数据与竞争政策》调研报告、德国卡特尔局发布的《大数据与竞争》调研报告、法国竞争管理局联合发布的《开放系统与封闭系统的经济学分析》调研报告、法德竞争管理局的《竞争法与数据》调研报告、荷兰竞争管理局发布的《大数据与竞争》调研报告、西班牙加泰罗尼亚竞争执法机构发布的《数据驱动竞争的挑战》调研报告、日本公平贸易委员会发布的《数据和竞争政策研究组报告》等。笔者通过对上述官方研究成果的比较分析，借鉴其理论价值和技术价值，为我国数据驱动型经营者集中反垄断法规制提供了些许有益的参考。

1.3.2.2　案例分析法

数据驱动型经营者集中法域内具有代表性的案例有：Google/DoubleClick 合并案、TomTom/Tele Atlas 合并案、Facebook/WhatsApp 合并案、Alliance Data Systems Corporation/Conversant 合并案、Google/Nest Labs 合并案、Google/Waze 合并案、Bazaarvoice/PowerReviews 合并案、Microsoft/LinkedIn 合并案及我国的滴滴出行 / 优步中国并购事例等。笔者通过案例及事例研究阐释了竞争执法机构对相关案件的审理思路及对相关理论的具体适用。

1.3.2.3　历史研究法

历史的研究视角有利于把握不同历史背景下法律的衍生及发展规律，笔者通过运用历史分析法，分析不同国家经营者集中反垄断法规制的发展历程及法律制度的演进，为我国数据驱动型经营者集中规制体系的构建提供坚实的基础。

1.3.2.4　文献研究法

笔者通过收集、整理国内外学者关于数字经济下经营者集中规制的文献资料，把握数据驱动型经营者集中规制的研究成果和最新研究动向，发现研究的不足，探索深入研究的可能。

1.4　可能的创新之处

笔者可能的创新之处在于：

第一，体系化梳理数据驱动型经营者集中的反垄断问题。已有研究大多涉及大数据领域的反垄断价值方面，少有经营者集中反垄断法规制具体方面的研究。

从研究选用的资料来看，多以国外案例和国外竞争执法机构的调研报告为主。从研究的形式来看，多以简介、评述、理论分析和论证为主。笔者在分析和梳理既有经营者集中案例的基础上完善数据驱动型经营者集中的具体规制路径，为竞争执法机构提供实质性建议。

第二，立足中国国情并吸收域外执法经验，提出我国经营者集中反垄断法规制制度的生成进路，为数据驱动型经营者集中规制的实施提供理论支撑。笔者认为：①在界定数据驱动型经营者集中相关市场时，首先应增加产品生命周期和时间维度的考量。对产品生命周期的考量一方面有利于公平、效率和公共利益等经营者集中规制目标分阶段的实现，另一方面对身处不同产品生命周期的相关产品市场可选择差别化的竞争审查手段；由于数据产品受技术进步影响较大，故笔者认为应充分考虑其时效性和技术依赖性特征，在必要时应对其进行相关时间市场的界定。其次，笔者认为在数字经济下，以价格、成本和质量为核心的假定垄断者测试各有利弊，故提出了可量化的多因素综合测试的改造方向。②在设定数据驱动型经营者集中的申报标准时，首先，笔者认为营业额维度和交易额维度在数据驱动型经营者集中中仍将发挥重要作用，在此基础上还应增设体现数据价值的，以数量、种类、时间和能力为子维度的数据维度申报标准。其次，笔者还提出了对申报标准的动态调整机制，应根据国民生产总值和通货膨胀水平对营业额维度和交易额维度进行年度调整，根据技术进步水平对数据维度标准进行适时更新。③在对数据驱动型经营者集中进行审查时，笔者认为一是应充分考虑数据的网络特征，将审查的重点放在数据驱动型网络效应对市场进入壁垒形成的直接影响及对单边、协调和封锁效应的间接影响上；二是应将以个人信息保护为代表的质量因素纳入审查范围之中，为此笔者还提出了一种可能的数据驱动型经营者集中质量审查的程序安排。④笔者认为，数据驱动型经营者集中救济措施具有行为性趋向，行为性救济措施对单边、协调和封锁效应引发的反竞争效果具有良好的阻断作用。

第三，数据驱动型经营者集中规制研究的学科跨度较大，它涉及法学、经济学、信息学和计算机科学等学科的交叉融合。笔者重视各学科视角下数据驱动型经营者集中运作机理的研究，注重多学科方法的法律化转换并将其运用于解决数据驱动型经营者集中反垄断法规制各环节可能遇到的法律问题。

第 2 章　数据驱动型经营者

集中及其产生基础

2.1 数据驱动型经营者集中的界定

相关概念的界定是确定研究对象和范围过程中重要的一环，是科学研究的原点。"如果研究者使用的基础概念或者核心概念存在严重的缺陷，比如概念的内涵模糊不清，又或是属于人为杜撰的伪概念，则基于这种概念之上的理论将缺乏科学性和解释力。"[①] 在进行法律交叉学科研究时，由于某些概念来自非法学范畴，或与现有法学概念存在差异，因此有必要将这部分概念在法学的框架内加以厘清。

2.1.1 数据及其竞争性

2.1.1.1 数据的定义

数据（Data）是承载或记录信息的按照一定规则排列组合的物理符号。它可以是数字、文字、图像，也可以是声音或计算机代码。根据信息管理理论，数据是信息链（Information Chain）中的一环。信息链描述了信息增值的全过程，它是由事实（Fact）—数据（Data）—信息（Information）—知识（Knowledge）—智能（Intelligence）五个要素构成：事实是人类思想和社会活动的客观映射；数据是事实的数字化、编码化、序列化和结构化；信息是数据在信息媒介上的映射；知识是对信息的加工、吸收、提取和评价的结果；智能则是运用知识的能力。以信息为界，信息链的上游面向物理属性，信息链的下游面向认知属性。将以上信息链概念联系起来可知，数据是形成信息的原材料，信息则是转化为知识的原材

---

① 黄文艺. 公法研究中的概念清理和重整 [J]. 法学研究，2012，34（04）：6-9.

料，而知识的趋向是要成为人们决策的智能方法，并在此基础上提炼出人类的智慧。其中，数据的外延涵盖范围最广，是创造价值的基础原料。传统的信息链结构是由事实和数据出发，到最终的知识和智能，是从低端环节提升到高端环节的过程。现如今，随着云计算、物联网、大数据、人工智能、移动互联网等新技术的发展，信息链这种逐级提炼升华的模式被打破，[①]数据可以跨越信息环节，被直接提炼出知识和智能，进而创造价值。信息链的结构和称谓也因此发生了变化，由事实（Fact）—数据（Data）—知识（Knowledge）—智能（Intelligence）构成的四要素结构由于弱化了信息的作用，可将其称为数据链或数据价值链，突出了数据在社会价值创造中的作用。

与数据最为密切相关的概念莫过于时下流行的大数据（Big Data）概念。大数据一词最早由 1998 年由美国 SGI 公司首席科学家 John Mashey 在一次国际会议报告中提出，他用 Big Data 一词来描述快速增长的数据给计算机领域带来的难理解、难获取、难处理和难组织等方面的挑战。2011 年麦肯锡全球研究所将大数据定义为体量超出传统数据库系统管理和分析能力范围的数据集合。[②]在商业领域，大数据被认为是一种助力企业经营决策的信息资产；在计算机领域，大数据被认为是一系列存储、处理和分析海量、多样数据技术的术语集；在隐私保护领域，大数据被认为是识别个人身份的数据集。[③]综合上述对大数据的认识，有学者提出了大数据的特征。最早 Doug Laney 提出了大数据的 3V 特征，即大量（Volume）、高速（Velocity）、多样（Variety），[④]IBM 公司在此基础上增加了价值（Value）特征，形成了目前业界较为认可的 4V 特征。[⑤]笔者认为，在大数据这一概念中，数据是主体，大数据中的"大"既是一个形容词，形容数据的体量庞大、类型多样，表示数据的一种静态属性；"大"也是一个动词，表示数据的动态变化，即伴随信

① 马费成. 在改变中探索和创新 [J]. 情报科学，2018，36（01）：3-4.

② McKinsey Global Institute. Big data: the Next Frontier for Innovation, Competition, and Productivity[R]. 2014:25.

③ Executive Office of the President, President's Council of Advisors on Science and Technology, Report to the President, Big Data and Privacy: A Technological Perspective[R], May 2014.

④ Laney, D. 3D Data Management: Controlling Data Volume, Velocity and Variety[J]. META Group Research Note, 2001, 6(70): 1.

⑤ IBM Big Data Hub. The Four V's of Big Data[EB/OL].https://www.ibmbigdatahub.com/infographic/four-vs-big-data, 2021-12-01.

数据驱动型经营者集中与反垄断法规制

息和网络技术的发展，人人、人物、物物相连得以实现，数据处理的速度（Velocity）不断提高，使经营者有机会获得海量（Volume）且类型多样（Variety）的数据。经过提炼和有效利用的数据帮助经营者改善产品或服务、开拓新的商业机会和实现个性化商业模式进而获得更大的商业价值（Value）。因此，笔者认为大数据与数据属同一概念，不做界定区分。

  我国《民法典》中规定的数据概念与虚拟财产概念具有一定的相近似，数据可参照虚拟财产进行法律规制，并在某种程度上认定了数据的财产属性。[①]除《民法典》对数据作为原则性民事权利内容进行规定外，《中华人民共和国网络安全法》（以下简称《网络安全法》）在法律层面上，对数据从网络建设、运营及服务提供、网络运行安全及网络基础设施的角度进行了表述。在整部法律中有 16 处提到数据，并首次在法律层面上提出数据的完整性、保密性和可用性等数据网络安全特征要素，但并未对信息与数据两个概念进行区分。《网络安全法》第一条立法宗旨也未使用数据的概念，而是使用信息来表述立法宗旨。[②]另外值得注意的是，《网络安全法》在第 18 条中首次在法律层面上提到了数据资源的概念。2013 年由中华人民共和国工业和信息化部公布并实施的《电信和互联网用户个人信息保护规定》通篇未使用数据表述，但却对用户个人信息进行了定义。[③]在 2014 年实施的《最高人民法院关于审理利用信息网络侵害人身权益民事纠纷案件适用法律若干问题的规定》中也没有使用数据的概念，而是从信息网络人身权权益侵权保护的角度提出了信息网络服务提供者和网络用户在信息处理方面的权利、义务和责任的认定规则。2020 年中华人民共和国国家标准化委员会公布的《信息安全技术个人信息安全规范（报批稿）》通篇将"信息"和"数据"混同使用，有时候以数据解释信息，有时候以信息解释数据。2021 年颁布和实施的《数据安全法》和《个人信息保护法》首次对数据和个人信息进行了清晰的界定：数据是指任何以电子

---

① 李爱君. 数据权利属性与法律特征 [J]. 东方法学，2018（03）：64–74.

②《网络安全法》第一条中规定为了保障网络安全，维护网络空间主权和国家安全、社会公共利益，保护公民、法人和其他组织的合法权益，促进经济社会信息化健康发展，制定本法。

③ 在其第 4 条规定：本规定所称用户个人信息，是指电信业务经营者和互联网信息服务提供者在提供服务的过程中收集的用户姓名、出生日期、身份证件号码、住址、电话号码、账号和密码等能够单独或者与其他信息结合识别用户的信息以及用户使用服务的时间、地点等信息。

或者其他方式对信息的记录；[①]个人信息是以电子或者其他方式记录的与已识别或者可识别的自然人有关的各种信息，不包括匿名化处理后的信息。[②]我国立法机构将数据定义为信息的载体，用于对信息的记录；将个人信息定义为可以任何形式记录用以识别自然人的信息。至此，从立法层面上结束了未对数据的法律概念进行界定，对数据和信息在概念上混同使用的历史。

从域外立法情况看，欧盟是对个人数据保护立法最早也是最为完善和严格的法域，其在《一般数据保护条例》对个人数据进行了定义。《一般数据保护条例》开篇提到"自然人在个人数据处理方面获得保护是一项基本权利"，并在第一章第4条中对个人数据进行了定义："指一个可识别的自然人（数据主体）的任何信息，一个可识别的自然人，是指通过姓名、身份证号码、位置数据、在线身份识别码这类标识，或通过针对该自然人的一个或多个诸如身体、生理、遗传、心理、经济、文化或身份等要素，能够直接或间接地被识别。"从其定义的内涵和外延看，个人数据的主体权利应该包括人格权和财产权等权利内容。人格权指以人的价值、尊严为内容的权利（一般人格权），并个别化于特别人格法益（特别人格权），例如生命权、身体、健康、名誉、自由、信用、隐私、贞操。[③]从数据实践中所呈现的内容看，自然人的数据有姓名、身份证号、家庭住址、信用状况、运动轨迹、各类证照号码、收入、爱好等方方面面。这些内容中体现其人格尊严和自由意志，属于人格权的内容。财产权是以财产为客体的权利，其特点是权利直接体现经济价值和权利可以转移。因为数据权利具有经济价值、权利可转移和以财产（数据）为客体等属性，故数据权利具有财产权属性。[④]

2.1.1.2　数据的分类

数据可以按照多种标准进行分类，对于经营者而言，按照数据描述的对象、结构化程度和数据来源的分类方式更具有现实意义。

---

① 《数据安全法》第三条。

② 《个人信息保护法》第四条。

③ 王泽鉴. 民法概要 [M]. 北京：中国政法大学出版社，2003：38.

④ 李爱君. 数据权利属性与法律特征 [J]. 东方法学，2018（03）：64-74.

数据驱动型经营者集中与反垄断法规制

第一，按数据描述的对象可分为工业数据和个人数据。工业数据是指在生产经营领域中，从客户需求到销售、订单、计划、研发、设计、工艺、制造、采购、供应、库存、发货和交付、售后服务、运维、报废或回收再制造等整个产品生命周期各环节所产生的各类数据及相关技术和应用的总称，[①]主要包括生产经营相关业务数据、设备物联数据和其他外部数据等。工业数据具有高度场景或设备依赖性，一个经营者在特定场景和设备上积累的数据往往无法为其他经营者直接使用。因此也限制了工业数据的市场交易，致使数据积累的程度远远高于数据利用的必要程度，经营者之间围绕工业数据的竞争相对和缓，但也有竞争执法机构提出了一些担忧：①市场力量，由于工业数据是通过传感器收集的，数据收集渠道可能受限，进而导致市场力量的建立。例如在特殊数据收集地点用于收集工业数据传感器的数量可能受到限制而产生差异化的市场力量；②市场进入壁垒，在一些特定场景下，任何人都不能安装获取数据所需的传感器。例如在铁路、电力或天然气等行业中，容易形成工业数据的垄断；③锁定效应，收集的数据最终需要通过机器学习等人工智能技术实现价值，由于投资巨大，一旦经营者开始使用某一人工智能系统，可能很难切换到其他系统。

OECD 将个人数据定义为"有关确定的或可识别的个体（数据主体）的任何信息"，包括用户产生的信息、行为数据、社交数据、位置数据、人口学数据和官方身份数据等。[②]从我国《个人信息保护法》中关于"个人信息是以电子或者其他方式记录的与已识别或者可识别的自然人有关的各种信息，不包括匿名化处理后的信息"的定义可知，我国立法层面上的个人信息与 OECD 的个人数据属同一概念。经营者利用个人数据的典型例子是在互联网广告行业，经营者通过提供免费服务收集个人数据，包括个人的搜索历史、网站浏览历史记录等，进而获取反映个人爱好和兴趣的数据，再根据个人爱好和兴趣提供有针对性的广告。由于经营者提供的是免费服务，不需要支付使用费用，所以市场竞争的基础不再是价格而是质量。有关收集和使用个人数据的竞争引起以下关注：①市场进入壁垒，由于提供免费服务或网络，数据的收集和利用需要大量的技术和资金的投入，可

---

① 齐建军，朱道云，万洋. 工业大数据标准化研究 [J]. 信息技术与标准化，2017(04)：18-21+25.

② OECD. Exploring the Economics of Personal Data: a Survey of Methodologies for Measuring Monetary Value[M]. Paris: OECD Publishing, 2013:7-8.

能形成市场进入壁垒；②市场力量，当个人数据的规模和类型积累达到一定水平时，数据价值得以体现。数据拥有者利用数据改进自己的产品或服务、创造全新的商业模式，进而形成市场竞争优势。③锁定效应，由于用户对于平台的高度依赖，致使其很难切换到其他类似的数字平台，对于具有锁定效应的产品或服务，除非确保个人数据的可移植性，否则该产品或服务很容易形成并维持其市场支配力。①

第二，按数据的结构化程度可分为结构化数据、半结构化数据和非结构化数据。结构化数据遵循多字段定义的模式，一条数据记录由若干字段构成，每个字段拥有自己的数据类型、长度和字段名称，字段之间存在相互联系。例如若干包含消费者的姓名、地址、年龄、电话号码等字段的结构化数据记录在一起构成了消费者信息数据库。结构化数据可以经过简单的处理即可以体现其商业价值，例如两个数据集通过某一共同字段的联系合二为一，使数据集的拥有者获得更大的信息价值。Facebook 在收购 WhatsApp 之后就曾经试图通过电话号码将二者集中前的数据集连接在起来，这样的行为操作简单，基本上不需要额外的成本投入，但对相关市场的竞争影响极大。非结构化数据在企业中体量最大，80%的企业数据资产是以非结构化格式存储的。②非结构化数据有多种表达形式，可能是语音、视频或微信的聊天记录，需要经过复杂的算法处理后才能具有商业价值。③

在结构化与非结构化数据之间存在一种中间状态的数据类型，即半结构化数据。它没有固定的数据类型描述，但是其中的某些元素或字段具有结构化数据特征。结构化、半结构化和非结构化数据价值提取的难易程度不同，半结构化和非结构化数据价值提取需要大量的人力、物力投入到数据处理与分析的整个流程之中，包括数据的收集、处理、分析和利用等全部阶段。而对于结构化数据价值提取的投入多发生在在数据的收集和前期准备阶段，例如信息系统规划与构建等。在数据驱动型经营者集中规制过程中识别数据价值提取的难易程度和成本投入的

---

① Japan Fair Trade Commission. Report of Study Group on Data and Competition Policy[J]. International Data Privacy Law, 2017, 9: 299–301.

② DAMA International. DAMA 数据管理知识体系指南[M]. 马欢, 等, 译. 北京: 清华大学出版社, 2012 : 3.

③ Harris, J. Bridging the Divide between Unstructured and Structured Data [EB/OL]. https://ischoolonline. berkeley.edu/blog/structured–unstructured–data/, 2021–12–01.

时间维度有利于考量相关市场上数据相关的竞争态势，便于权衡经营者集中效率目标与公平目标，并在分析市场进入的难易程度、数据锁定效应、协调效应和单边效应等方面具有现实意义。

第三，按照数据的来源可分为第一方、第二方和第三方数据。简言之，经营者依靠自身能力收集的数据被称为第一方数据；从其他拥有数据资源的经营者处以交易方式获得的数据称为第二方数据；从数据要素市场上购得的数据称为第三方数据。三种来源的数据各具特点：第一方数据具有较好的可控性、可靠性和完整性，其缺点在于前期的固定成本和后期的维护成本投入较大；与第一方数据相比，第二方数据具有灵活性特点，采购对象和采购内容可以灵活选择，其缺点在于可获得性不高，因为拥有数据的经营者可能出于保持自身市场竞争优势地位的考虑，不愿意与其竞争者或潜在竞争者共享关键数据；第三方数据具有与第二方数据相同的优点，其缺点在于对数据要素市场的依赖性。目前我国数据交易市场处于顶层设计阶段，[①]在现有的法律框架下还存在数据权利保护与数据商业化利用的交易激励之间的冲突。[②]在一段时间内，经营者还无法完全通过第三方途径获得高质量的数据资源。对数据来源的认识有利于在经营者集中规制的竞争分析中识别数据获取渠道的可替代程度，便于分析相关市场上数据竞争的强度，如果经营者在相关市场上通过三种来源都可以获得生产经营所需的数据资源，证明该市场上的数据竞争态势趋缓，不易形成数据市场进入壁垒。

2.1.1.3 数据的竞争性

受限于理性认知能力，人类无法完全了解某一研究对象之全貌。根据界定的研究范围，提取研究对象的属性特征并以此为抓手，发现对象之间、对象与环境之间的互动规律是一种科学研究的路径选择。数据作为众多学科研究的对象，学科的研究范畴决定了特征的迥异，对竞争乃至经营者集中规制影响较大的特征可

---

① 2020 年 5 月，中共中央、国务院印发《关于新时代加快完善社会主义市场经济体制的意见》提出，"建立数据资源清单管理机制，完善数据权属界定、开放共享、交易流通等标准和措施，发挥社会数据资源价值"的数据交易顶层设计方案。

② 徐玖玖. 数据交易法律规制基本原则的构建：反思与进路 [J/OL]. 图书馆论坛 :1-12[2021-01-18].http:// kns.cnki.net/kcms/detail/44.1306.G2.20201017.1823.004.html, 2021-12-01.

归纳如下：①可替代性。可替代性是指同一数据可以通过不同途径或方法获得。例如，职业数据和 GPS 数据之间存在替代关系，因为通过 GPS 数据可以知道某人的行程轨迹，据此推断其所从事的职业。一般而言，工业数据比个人数据具有较低的可替代性；非结构化数据比结构化数据具有较高的可替代性；第二方数据和第三方数据的可替代性要高于第一方数据。②可复制性。数据在技术上是容易被复制的。在不考虑专利或版权保护的情况下，可复制性在一定程度上降低了拥有数据资源经营者的市场力量。③范围效应。范围效应是源自经济学的一个概念，也称为范围经济，是指利用单一经营单位内的生产或销售过程来生产或销售多于一种产品而产生的经济。[①]数据的范围效应是指不同类型数据的结合和使用会产生协同作用，可以产生更多的新知识。④规模效应。规模效应也是一个经济学的概念，亦称为规模经济，是指当生产或经销单一产品的单一经营者所增加的规模减少了生产或经销的单位成本而产生的经济效果。数据的规模效应是指同种类型的数据只有积累到一定数量水平（阈值水平）时才具有价值，且超过阈值水平的数据创造价值的能力可能降低。⑤价值依赖性。是指数据的使用价值依赖于数据的真实性、时效性、实时性及使用的环境。价值依赖性体现了数据产生价值的三个维度，即质量维度、时间维度和环境维度。关于数据价值的质量维度是指如果输入数据质量较差时，无论使用多好的算法，输出结果也无法保证是正确的。[②]数据价值的时间维度体现了数据价值的动态性，经营者在决策时使用的数据越是近期的或是时效性强的，决策的准确性就越高。数据价值的环境维度是指数据质量对算法和算力的依赖。[③]数据的质量和数量体现了经营者静态的数据竞争力，而经营者对算法和算力的掌控能力则反映其动态的数据竞争力，在数据驱动型经营者集中规制中，应二者兼顾，充分考虑它们对相关市场竞争态势的影响。⑥潜在用途广泛性。在一个领域内获得的数据应用于其他领域时可能产生价值。例如

---

① 钱德勒. 规模与范围：工业资本主义的原动力 [M]. 张逸人，译. 北京：华夏出版社，2011：16.

② 正如早期的 IBM 程序员兼讲师 George Fuechsel 提出的计算机科学领域中的一句习语那样，Garbage In，Garbage Out（输入垃圾，输出垃圾）。

③ 算法是解题方案的准确而完整的描述，是一系列解决问题的清晰指令，算法代表着用系统的方法描述解决问题的策略机制。算力顾名思义是指计算的能力，是支持数据处理能力所有软硬件资源的总和。

人体脉搏、血压等数据可以用于与健康相关的服务行业，也可以用于保险行业。[①]潜在用途广泛性体现了数据优势具有可传导性的特点，经营者在一个相关市场上获得的数据优势可传导至其他相关市场上，它是纵向或混合型数据驱动型经营者集中规制的主要考量因素。

2.1.2　经营者集中及其类型化

2.1.2.1　经营者集中的定义

经营者集中这一词组由经营者和集中两个词语构成。我国《反垄断法》对经营者进行了规定，[②]从中可以看出，无论参与市场竞争与否的经济实体都可以被称为经营者，而不管其法律形式是什么。未参与市场竞争的经济实体是指，例如国家授予了专有权或者特权的企业，如果政府机构以经营者的方式参与了市场经济活动，那么它也是反垄断法意义上的经营者。[③]经营者也没有域外和域内之分，只要向我国境内提供产品和服务或对我国境内市场竞争产生排除和限制影响的经济实体都应纳入经营者的界定范围。[④]综上，只要是参与生产经营活动且在市场经营活动中具有独立性的经济实体都可视为我国《反垄断法》意义上的经营者。[⑤]我国《反垄断法》对经营者较为宽泛的定义有力地回应了数字经济下反垄断执法的要求，数字经济下的商业模式往往依托互联网平台提供远程产品或服务，无论经营者身处何地、以何种方式为我国消费者提供产品或服务都是反垄断法关注的对象。

---

① Japan Fair Trade Commission. Report of Study Group on Data and Competition Policy[J]. International Data Privacy Law, 2017, 9: 299–301.

②《反垄断法》第十二条第一款规定：本法所称经营者，是指从事商品生产、经营或者提供服务的自然人、法人和其他组织。

③ 王晓晔. 反垄断法 [M]. 北京：法律出版社，2011：76.

④《反垄断法》第二条规定：中华人民共和国境内经济活动中的垄断行为，适用本法；中华人民共和国境外的垄断行为，对境内市场竞争产生排除、限制影响的，适用本法。

⑤ 王晓晔. 反垄断法 [M]. 北京：法律出版社，2011：77.

与集中（concentration）相近似的词语还有合并（merger）、并购（merger & acquisitions）等。在欧盟竞争法中，集中和合并有着相同的含义，企业集中在大多数情况也被称为企业并购。世界各国反垄断法使用合并或者并购一词的占大多数，我国《反垄断法》使用集中一词主要受欧盟竞争法的影响。[①]因此，在反垄断法领域中，集中、合并和并购含义基本相同，可以替代使用。

2.1.2.2　经营者集中的方式类型化

我国《反垄断法》第 20 条对经营者集中进行了列举形式的定义。[②]从中可以看出，我国经营者集中定义口径较为宽泛，通过合并、股权、资产或合同等其他方式取得经营控制权都可以被定义为经营者集中行为：①合并，在法律和经济上相互独立的两个或两个以上的经营者合并为一个经营者。合并可以是一个经营者取代另一经营者，也可以是两个经营者合并为一个新的经营者，即吸收合并和新设合并。②股权，取得股份是经营者集中最重要的方式，因其可量化而清晰透明，最容易判断某一集中行为是否发生。③资产，这一般指经营者取得另一经营者全部或者重大部分资产的所有权或者使用权。④合同，经营者通过订立合同的方式，影响另一经营者在法律和经济上的独立性，以达到控制其经营的目的。除以上四种，还有人事联合、合营等方式。无论采取何种方式，判断集中行为发生的核心在于经营控制权的归属，经营控制权可以是任何一种经济权力，传统经济下的资本、土地、人才和技术，以及数字经济下的数据经济权力都是经营者控制权的一种表达。

2.1.2.3　经营者集中的关系类型化

经营者集中按照集中当事人在经济上的关系可分为横向集中、纵向集中和混合集中三种。横向集中是指提供相同或相似产品或服务经营者之间的集中行为；纵向集中是指在同一类产品或服务价值形成过程中的各阶段经营者之间的集中行

---

① 王晓晔. 反垄断法 [M]. 北京：法律出版社，2011：263.
②《反垄断法》第 20 条规定，经营者集中是指下列情形：（一）经营者合并；（二）经营者通过取得股权或者资产的方式取得对其他经营者的控制权；（三）经营者通过合同等方式取得对其他经营者的控制权或者能够对其他经营者施加决定性影响。

为；混合集中是指不同市场上的经营者之间的集中行为。在传统经济下，横向集中和纵向集中是主要的集中类型。在数字经济下，因为数据经济权力具有可传导性特征，经营者在一个市场上的数据竞争优势可以传导到其他市场上，使以获取数据经济权力为主要目的的混合型集中行为呈现递增趋势，逐渐成为经营者集中规制的关注热点。

2.1.3 数据驱动型经营者集中的定义

党的十九届四中全会提出，"健全劳动、资本、土地、知识、技术、管理、数据等生产要素由市场评价贡献、按贡献决定报酬的机制"后，2020 年 4 月中共中央、国务院颁布的《关于构建更加完善的要素市场化配置体制机制的意见》确认了数据的生产要素地位。数据是数字经济下的核心生产要素，其对经济社会发展的无限价值与潜能主要体现在物理空间和数字空间两个层面和新资源、新资产、新资本三个层次上。[1]数据驱动经济发展的动力来自：第一，在数据要素和数字技术的推动下，数据赋予了传统的土地、劳动、资本和技术等要素新的内涵，促进它们之间形成更密切的交互关系。[2]第二，数据要素能够推动技术创新和生产力增长，改造价值链并为增值和更广泛的结构变革开辟新的渠道。[3]

数据经济权力体现在经营者对数据资源的占有，也体现在获取数据资源的能力上，而获取数据资源的能力又体现在算法和算力上。故在数据相关的经营者集中规制领域，算法集中、算力集中与数据资源的集中行为一样，都是其研究的主要对象。单独以获取算法或算力为目的的经营者集中行为已经引发竞争关注。德法竞争执法机构认为，根据执行任务的不同算法可分为定价算法、基于客户数据

---

[1] 罗培，王善民. 数据作为生产要素的作用和价值 [EB/OL]. 清华大学互联网产业研究院公众号，2020年 6 月 4 日。

[2] 谢康等. 大数据成为现实生产要素的企业实现机制：产品创新视角 [J]. 中国工业经济，2020（05）：42-60.

[3] UNCTAD. Digital Economy Report 2019——Value Creation and Capture：Implications for Developing Countries[R]. 2019:3.

的个性化定制算法、排名算法和监测、收集数据的算法等四大类，[①]笔者认为前三类算法与垄断协议（合谋）和滥用市场支配地位的垄断行为有关，而监测、收集数据算法则与经营者集中规制相关。如果该类算法集中于同一经营者手中，则具有形成市场进入壁垒的可能性。算力集中涉及数据处理基础设施的整合，亦可引发竞争问题。数据经济权力在数据、算法和算力三要素共同作用下产生了具有静态和动态两个方面的竞争含义：静态方面表现在数据凭借数量和种类属性获得的现实竞争势力；动态方面表现在经营者通过数据收集、处理能力而体现的潜在竞争势力。能够由算法和算力提取有价值的数据集代表着数据经济权力的静态竞争优势，算法和算力代表着数据经济权力的动态竞争优势，算力是提炼数据的能力，算法是提炼数据的"工艺"，在二者的共同作用下数据析出价值。在经营者集中规制中既要关注数据竞争优势的静态方面，即数据的存量和种类，从而分析相关市场的数据竞争态势状况，也要重视数据竞争优势的动态方面，即经营者在算法和算力上体现出的数据能力，从而识别出有无潜在竞争及其竞争强度。综上，笔者在梳理现有文献的基础上对数据驱动型经营者集中概念进行了界定：数据驱动型经营者集中是指经营者为了在相关市场或非相关市场上获取其他经营者数据资源、算法和算力保持或取得其静态和动态数据竞争优势，拥有持续收集用户数据和将数据分析转化为生产力的能力而实施的横向、纵向和混合集中行为。数据驱动型经营者集中虽然被冠以数据驱动的前缀，但不能撇开算力和算法而单独研究数据与经营者集中之间的关系。在我国，2016 年滴滴出行收购优步中国属较为典型的数据驱动型经营者集中事例，至今仍然得到业界关注，时至 2020 年底中国出租汽车产业联盟依然呼吁国家市场监管总局继续对滴滴出行和优步中国合并案实施反垄断调查。滴滴出行和优步中国同属网约车平台，它们不是出行服务的提供者，其价值体现在通过自身掌握的数据资源对出行需求信息和运力供给信息的协调与分配。它们的合并体现了数据集、算力和算法的整合，是典型的数据驱动型经营者集中行为。

[①]　French Autorité de la Concurrence and the German Bundeskartellamt. Working Paper Algorithms and Competition[R].2019.https://www.bundeskartellamt.de/SharedDocs/Publikation/EN/Berichte/Algorithms_and_Competition_Working–Paper.html, 2021–12–01.

数据驱动型经营者集中与反垄断法规制

　　数据驱动型经营者集中是以获取数据经济权力为目的的集中行为，是一种数据竞争行为，笔者将其称之为数据驱动型经营者集中并以此为研究对象，聚焦其他相关市场并兼顾数据要素市场。正如数据驱动型经营者集中定义中指出的，它不是一种全新的经营者集中行为，它可能是发生在相关市场上的横向集中行为，也可能是发生在非相关市场上的纵向和混合集中行为，并且在多数情况下，后者才是数据驱动型经营者集中规制研究的重点。然而，纵观各国的经营者集中立法与司法实践，更加重视对横向集中行为的规制，对于纵向和混合市场上的集中行为限制较少。有学者认为，与横向集中不同，纵向、混合型集中行为不会直接减少同一相关市场上的竞争，并不会改变市场集中度水平，因为参与集中的各方在集中前，并不是事实上或潜在的竞争者。[①]笔者对此持不同观点，现假设存在这样一个集中行为：在分属于不同行业的 A、B、C 三家经营者中，A 在某一相关市场拥有生产、营销渠道等竞争优势。之前 B 从未涉足过 A 所处的相关市场，但 B 拥有资金优势，现拟进入 A 所处相关市场。C 也未涉足过 A 所处的相关市场，但拥有 A 所处相关市场重要的数据资源，C 能够运用数据资源对 A 所在相关市场的消费者需求进行精准定位，或对生产技术或工艺进行优化改良。B 与 C 合并后，B 借助 C 的数据优势迅速提升其在 A 所在相关市场上的竞争力，B 和 C 在集中前并不是 A 相关市场上的事实或潜在的竞争者，但通过 B 和 C 之间的数据驱动型经营者集中行为改变了 A 所处相关市场的集中度，得出了与上述观点相反的结论。2020 年 6 月美国司法部和联邦贸易委员会联合发布了新版《纵向合并指南》，其中提到了关联产品这一概念。[②]在上述假设中 C 拥有的数据资源可以被理解为是 A 所处相关市场的关联产品，应作为 A 所处相关市场竞争损害分析的切入点。[③]

---

① Drauz, G. & Jones, C. EU Competition Law, Volume II, Mergers & Acquisitions[M]. Brussels: Claeys and Castels Law Publishing, 2011:310.

② US Department of Justice and Federal Trade Commission, Vertical Merger Guidelines (June 30, 2020),Section 3. 关联产品是一种产品或服务，该产品或服务由合并后实体所供应或控制，且纵向于或补充于相关市场内的产品和服务。

③ 宁度. 美国《纵向合并指南》的介评与启示：以竞争损害的认定为中心 [J]. 竞争政策研究,2020（05）: 90-106.

2.2　数据驱动型经营者集中的特征

近年来，数据驱动型经营者集中案例及事例层出不穷（见表 2-1，2-2），呈现如下特点：

表 2-1　全球部分数据相关经营者集中情况（单位：亿美元）

收购方	所属行业	被收购方	所属行业	金额	时间
Koch	石油化工	Infor	软件服务	130	2020
Morgan Stanley	金融服务	E*Trade	金融服务	130	2020
Worldline	网络支付	Ingenico	网络支付	86	2020
Visa	网络支付	Plaid	金融服务	53	2020
Google	搜索引擎	Fitbit	穿戴设备	21	2020
Google	搜索引擎	Actifio	信息技术	未公开	2020
FIS	金融软件	Worldpay	网络支付	350	2019
Z Holdings	通信应用	Line	通信应用	270	2019
Fiserv	网络支付	First Data	金融服务	220	2019
Global Payments	网络支付	TSYS	网络支付	215	2019
Salesforce	软件服务	Tableau	软件服务	157	2019
Broadcom	芯片制造	Symantec	网络安全	107	2019
Google	搜索引擎	Looker	数据分析	26	2019
Broadcom	芯片制造	CA Technologies	软件服务	189	2018
Walmart	商品零售	Flipkart Group	电子商务	160	2018
Microsoft	软件服务	GitHub	软件服务	75	2018
Salesforce	软件服务	MuleSoft	软件服务	65	2018
Amazon	网络零售	Whole Foods	食品零售	137	2017
Verizon	通信服务	Yahoo	网站服务	44.8	2017
Microsoft	软件服务	LinkedIn	职业社交	262	2016
Audi&BMW&Benz	汽车制造	Here	地图服务	28	2015
Facebook	通信应用	WhatsApp	通信应用	190	2014
Google	搜索引擎	Nest	智能家居	32	2014
Google	搜索引擎	Waze	导航服务	11	2013
Facebook	通信应用	Instagram	社交平台	10	2012
Microsoft	软件服务	Skype	通信应用	85	2011
Google	搜索引擎	DoubleClick	网络广告	31	2008
Google	搜索引擎	YouTube	社交平台	16	2006

数据驱动型经营者集中与反垄断法规制

表 2-2　我国互联网行业部分违法实施数据相关经营者集中情况 ①

收购方	所属行业	被收购方	所属行业	处罚时间
阿里网络	互联网	天鲜配	奶制品	2021
阿里网络	互联网	纽仕兰	奶制品	2021
阿里网络	互联网	恒大足球	体育	2021
阿里创投	互联网	上海商投	贸易物流	2021
阿里创投	互联网	浙江创投	金融投资	2021
阿里创投	互联网	五矿电商	冶金电商	2021
阿里投资	互联网	银泰商业	商业运营	2020
腾讯	互联网	58	互联网	2021
腾讯	互联网	小红书	互联网	2021
腾讯	互联网	搜狗	互联网	2021
腾讯	互联网	猎豹	互联网	2021
腾讯	互联网	蘑菇屋	网络零售	2021
腾讯	互联网	猿辅导	在线教育	2021
腾讯	互联网	易车	汽车金融	2021
腾讯	互联网	途虎	车辆保养	2021
腾讯	互联网	大连万达	商业管理	2021
滴滴移动	互联网	软银股份	电信网络	2021
滴滴智慧	大数据	浪潮智投	信息技术	2021
苏宁润东	金融投资	上海博泰	车联网	2021
苏宁润东	金融投资	上海易果	生鲜电商	2021
苏宁易购	电商平台	南京银行	金融	2021
苏宁易购	电商平台	三菱重工	工业品	2021

2.2.1　收购交易规模庞大

2016 年 Microsoft 以 262 亿美元收购 LinkedIn 创下当时数据驱动型经营者集中的全球纪录，Microsoft 因此进入了职业社交细分市场，而 LinkedIn 借 Microsoft 办公软件产品助其实现快速成长。对于 LinkedIn 而言，职业社交数据及其获取数据的渠道和能力无疑是企业价值的主要来源。同样，Microsoft 在看好职业社交市场发展前景的同时，LinkedIn 的数据资源也是其愿意支付如此之高

① 2020 年 12 月至 2021 年 11 月间国家市场监督管理总局对近年发生的互联网领域 87 起违法实施经营者集中案件做出处罚决定，在处罚决定书中并未公布其交易规模相关数据。

对价的主要原因。三年以后，数据驱动型经营者集中交易金额在 2019 年再创新高，FIS 以 350 亿美元收购 Worldpay 刷新了数据驱动型经营者集中的交易记录。FIS 是一家为银行、资产管理公司的金融服务外包业务提供软件服务的公司，而 Worldpay 是一家网络支付服务公司。通过此次集中行为，FIS 在进入网络支付市场的同时，也掌握了高质量的消费者数据资源。如表 2-1 所示，近六年来金额超过百亿美元的数据驱动型经营者集中事例有 13 项之多，巨大的交易规模可以体现出收购方对被收购方所拥有数据的价值的认同。

2.2.2　纵向集中与混合集中占主导

横向集中一直是传统经济中的"主流"，而在数字经济下，非横向集中案例数量呈现上升趋势。表 2-1 列出的数据驱动型经营者集中事例中，有相当一部分属于纵向和混合集中类型。例如，传统的石油化工企业 Koch 通过收购 Infor 进入软件服务市场；Google 通过收购 Fitbit、Nest 和 Waze 进入穿戴设备、智能家居和导航服务市场；芯片制造企业 Broadcom 通过并购 Symantec 和 CA Technologies 进入网络安全和软件服务市场；Microsoft 通过收购 LinkedIn 和 Skype 进入职业社交网络市场和即时通信应用市场；Amazon 通过收购 Whole Foods Market 进入实体有机食品市场；汽车制造企业 Audi、BMW 和 Benz 通过收购 Here 进入导航系统市场；金融软件服务商 FIS 通过收购 Worldpay 进入网络支付市场；等等。在国内，阿里通过并购进入奶制品、冶金原材料、体育等市场；腾讯通过并购进入物流、教育、汽车服务等市场；苏宁通过并购进入金融、工业品等市场。在传统经济下，包括我国在内的各竞争执法区域都较为重视横向集中行为的规制，认为纵向和混合型集中行为有利于效率目标的实现，而倾向于放松管制。在数字经济下，多数经营者集中行为中存在数据经济权力集中的事实，笔者认为应针对个案，注重评估非横向集中行为带来的效率提升与数据经济权力过度集中导致的反竞争效果之间的关系，不能一味地采取放松管制的态度。

2.2.3　线上、线下业务相互整合

数据驱动型经营者集中促进线下企业拓展线上市场，线上企业夯实实体经济基础，助力企业线上线下融合经营战略的调整。例如，Walmart 通过收购电商企业 Flipkart Group 完善线上销售渠道；Amazon 通过收购食品超市 Whole Foods 完善线下销售渠道等，线上经营者的数据竞争优势与线下经营者的实体竞争优势得以整合，有利于增强集中后经营者在双线（线上和线下）市场上的竞争力。

2.3　数据驱动型经营者集中产生的基础

2.3.1　数字经济的发展及其竞争机制

竞争机制反映了竞争与供求关系、价格变动、市场要素配置等市场活动之间的有机联系。数字经济以人工智能、大数据、云计算、物联网、区块链、人工智能、工业互联网、5G 通信等新兴技术为支撑，多方向、多维度地向传统产业加速渗透，带动传统产业数字化发展，同时从数字基础设施建设和数字商业模式创新应用出发，实现数字产业化的发展。数字经济运行机理复杂，内涵广泛，"凡是直接或间接利用数据来引导资源发挥作用，推动生产力发展的经济形态都可以纳入其范畴"，[①]故对其特征进行全面提炼难度较大。笔者通过文献梳理和实证研究认为，与反垄断相关的有别于传统经济的数字经济特征主要有高固定低边际成本、网络效应、赢家通吃、破坏性创新和平台效应等。[②]上述特征赋予了数字经济有别于传统经济的市场竞争机制。

第一，高固定低边际成本。数字经济产生高固定成本的原因在于为了达到阈值数据量的软硬件环境等方面的固定投入较高。低边际成本意味着数据优势的维

---

① 杜睿云，王宝义. 新零售：研究述评及展望 [J]. 企业经济，2020, 39（08）：128-135.

② 例如王先林教授认为相较于传统经济，平台经济具有网络效应、赢家通吃、多边市场、大数据匹配效应、动态创新性、跨市场性等明显特点，这使得平台经济领域的反垄断面临一系列新问题和新挑战。王先林. 论反垄断法对平台经济健康发展的保障 [J]. 江淮论坛，2021（02）：5-13+2.

持成本较低，一旦形成不易被破坏。具有该特征的市场一旦形成，往往意味着市场具有较高的市场进入门槛。如果相关市场本身还处于形成阶段，例如在初创市场上，则应对集中行为进行时间定位，对处于高固定成本投入期的相关市场应倾向于实现规制的效率目标。

第二，网络效应。也称网络外部性，最早由 Jeffrey Rohlfs 于 1974 年研究电信服务相关理论时发现，是指使用某种产品或服务的用户越多对于单个用户的价值就越大，体现了用户规模与用户价值之间的正相关性。[①] 网络效应分为直接网络效应和间接网络效应。[②] OECD 将数据驱动型网络效应称为数据驱动型反馈回路（data-driven feedback loop），它包括用户反馈回路和货币化反馈回路两种。[③] 用户反馈回路是一种直接网络效应，它描述了用户、用户数据以及产品或服务质量之间的正反馈效应，即如果经营者拥有大量用户，则可通过收集和使用数据完善和创新其产品或服务，而经过完善和创新的产品或服务又可以吸引更多的用户，这反过来又使得该经营者能够收集更多的数据，这些数据可再次被用于改进其产品或服务。[④] 一旦在相关市场上形成了用户反馈回路，相关市场上的中小型经营者将很难在市场竞争中战胜大型经营者，因为数据资源的匮乏使中小型经营者无法对其产品或服务进行持续的完善和创新，导致其提供的产品或服务在质量和功能等方面落后于大型经营者。[⑤] 货币化反馈回路是一种间接网络效应，它是指经营者通过收集和使用数据来改进以广告投放或者内容推送为代表的产品或服务的质量，在此过程中获取的超额利润可用于补贴市场免费一侧的产品或服务，对其进行不断的完善和改进，改进后的免费产品或服务将再次吸引更多的用户，进而获取更多的数据，如此往复形成正向反馈回路。[⑥] 数据驱动型网络效应得到各国竞

① Rohlfs J. A. Theory of Interdependent Demand for A Communications Service[J]. The Bell Journal of Economics and Management Science, 1974: 16–37.

② 直接网络效应是指某种产品或服务对用户越有价值，就会有更多的用户使用该产品或服务，其价值体现在网络规模上。间接网络效应是指在多边市场上一方用户数量的增加会带来其他相关各方收益的增长。

③ OECD. Big Data: Bringing Competition Policy to the Digital Era[R].Background Paper by the Secretariat, 2016.

④ Schepp, N. P.& Wambach, A. On Big Data and Its Relevance for Market Power Assessment[J]. Journal of European Competition Law & Practice, 2016, 7(2): 120–124.

⑤ Pasquale, F. Privacy, Antitrust, and Power[J]. Geo. Mason L. Rev., 2012, 20: 1009.

⑥ 袁波. 大数据领域的反垄断问题研究 [D]. 博士学位论文，上海交通大学，2019 : 52.

争执法机构的关注，已成为数据反垄断问题分析的必须考量因素。[①]

第三，赢家通吃。它是网络效应产生的正反馈结果，优质的产品或服务带来积极正面的评价而又吸引更多的用户，成功者越来越成功，其他竞争对手很难挑战其市场领先地位。

第四，破坏性创新。破坏性创新是与维持性创新相对应的概念：维持性创新是指通过提高产品或服务的质量来迎合消费者需求，进而获得竞争优势；破坏性创新则是通过推出与主流市场完全不同特质的产品或服务实现的，它不过度迎合消费者持续增长的个性需求。破坏性创新中的"破坏"是指给市场带来剧烈的影响，破坏性创新的典型结果体现在新商业模式替代旧商业模式或创新经营者替代市场领先经营者。特点鲜明的破坏性创新者颠覆原有市场秩序，是市场领先者不愿意看到的，市场领先者可能通过战略性收购（Killer-Acquisitions）保持其原有的市场地位。战略性收购是指市场领先者为防止破坏性创新对其未来竞争产生不利影响而实施的收购行为，市场领先者在完成收购后，往往搁置或延迟破坏性创新产品或服务推向市场。有研究表明，在美国制药行业中有 5.3% 至 7.4% 的并购属于战略性收购。[②] 在美国众议院的一份报告中指出，在 2010 至 2019 的 10 年间，美国最大的几家技术公司合计收购了数百家公司，其中包括众多的战略性收购案例，而美国竞争执法机构并没有对其加以阻止。[③] 德国联邦议院也曾呼吁联邦政府在预算许可的条件下，为具有重要意义的跨市场创新经营者创造机会，禁止预防性收购造成阻碍创新和竞争的不良影响。[④]

---

① Autorité de la concurrence française & Bundesbehörde der Bundeskartellbehörde. Competition Law and Data[R], May 10, 2016, p.13；Japan Fair Trade Commission Competition Policy Research Center. Report of Study Group on Data and Competition Policy[R], June, 2017, p.8-9；(CERRE), Bourreau, M.& De Streel, A. Big Data and Competition Policy: Market Power, Personalised Pricing and Advertising[R], February 2017, P.37；OECD.Big Data: Bringing Competition Policy to the Digital Era[R].29 November 2016.p.11.

② Cunningham, C., Ederer, F. & Ma, S. Killer Acquisitions[J]. Journal of Political Economy, 2021, 129(3): 649-702.

③ U S House Judiciary Committee. Investigation of Competition in Digital Markets[R].2020:38.

④ Beschluss des Deutschen Bundestages Gesetz zur Änderung des Gesetzes gegen Wettbewerbsbeschränkungen für Ein Fokussiertes, Proaktives und Digitales Wettbewerbsrecht 4.0 und Anderer Bestimmungen (GWB-Digitalisierungsgesetz),2021:5.

第五，平台效应。数字经济的运转往往依托于由多方参与的数字化平台。经营者在平台的一侧市场获得的数据竞争优势往往可以传导到另一侧市场。

2.3.2　数据对数字经济竞争的正负效应

我国已经进入传统经济与数字经济交织融合发展的时代。在传统经济下，经营者所拥有的数据主要以工业数据为主，来源也多以第一方数据为主。在数字经济下，个人数据更具价值，其来源也趋于多样化并能够在经营者改良现有产品或服务、创新商业模式和创造消费者需求等方面发挥重要作用。但这并不意味着，数据同土地、劳动力、资本和技术等传统经济资源一样，在市场竞争中具有增强经营者竞争能力的单向作用，而是从正负两个方向产生对数字经济的影响，这是由数据的可替代性、可复制性、范围效应、规模效应、价值依赖性和潜在用途广泛性等特征决定的（如图 2-1 所示）：①经营者愿意投入较高的固定成本，是对数据范围效应和规模效应带来数字经济"红利"的一种预期，而数据可替代性和可复制性给经营者的资本投入带来一定的风险。②数据的范围效应和规模效应对数字经济的网络效应具有放大作用，而数据的可替代性和可复制性则有弱化网络"黏性"的作用。③"赢家通吃"是数字经济网络效应发挥作用的结果，故数据的范围效应和规模效应能够间接地增强"赢家通吃"效果，数据的价值依赖性帮助"赢家"锁定用户进而获得竞争优势；而数据的可替代性和可复制性扩大了用户的选择空间，从某种程度上削弱了"赢家通吃"的可能性。黏性数据的价值依赖性具有绑定作用，促进技术垄断。而其他数据特征对破坏性创新都具有正向影响，从中可以看到数据对创新具有正向驱动作用。黏性数据的范围效应、规模效应和价值依赖性是数字经济平台效应发挥作用的基础；而数据的可替代性和可复制性对平台效应具有削弱作用。研究数据对数字经济的影响对于反垄断竞争分析具有实践意义，在反垄断竞争分析时应充分考虑数据对数字经济的双向作用，确保分析的全面性。

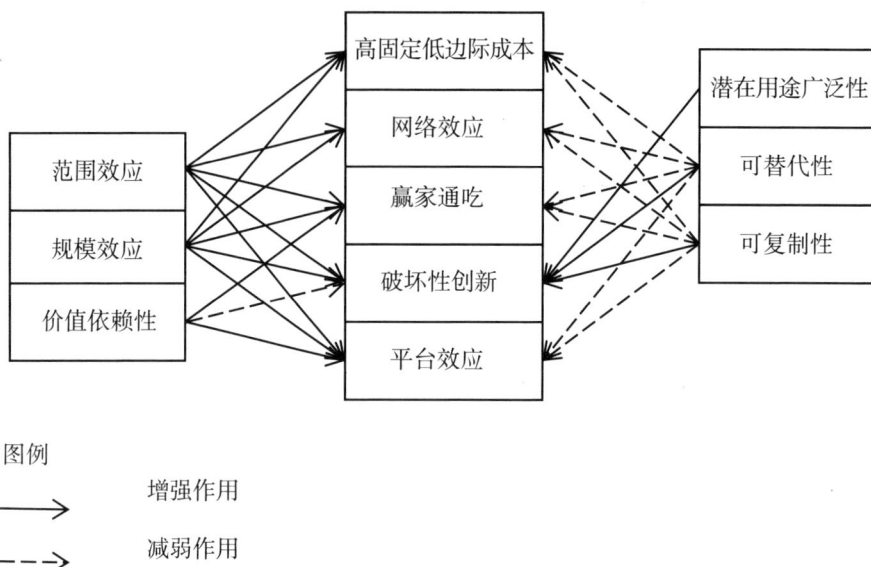

图例

──────→ 增强作用

- - - → 减弱作用

图 2-1　数据对数字经济竞争的影响

2.3.3　经营者集中是数据非内生增长的基本方式

概括来讲，经营者获得数据可以通过自身积累、外部采购和通过经营者集中获得三种方式。其中，自身积累是数据的内生增长模式，外部采购和经营者集中则属于数据的非内生增长模式。由于自身积累方式具有投资巨大、周期较长的缺点，对于数据的获取大部分经营者转向非内生模式。市场是经营者通过非内生模式获取数据的重要场所，主要指数据要素市场和其他相关市场。①数据要素市场。数据要素市场是经营者通过外部采购方式获得数据的主要场所，2020 年中共中央、国务院在《关于构建更加完善的要素市场化配置体制机制的意见》中将数据与土地、劳动力、资本、技术等要素并称为五大要素资源，明确将其作为市场配置的主体对象，通过推进政府数据开放共享、提升社会数据资源价值、加强数据资源整合和安全保护等路径加快数据要素市场的培育。这是我国首次提出数据要素市场概念，凸显数据要素资源配置在国民经济中的重要地位，数据的外部采购方式需要在数据要素市场内实现，随着数据要素市场的日益成熟，从事数据经营的经营者不断壮大，外部采购将成为经营者获取数据的主要方式，数据要素市场反垄断必将成为规制的焦点。而从目前数据要素市场的体量及能力来看，仍然处于培育期，由于各种数据获取渠道的限制而无法得到在数据规模、范围和时效性上令人满意的数据，经营者还无法完全依赖数据要素市场获得自身发展所需的全部数据资源。②其他相关市场。目前各国案例表明经营者更倾向于收购其他占有数据资源（或具有数据资源潜力）经营者的方式获得数据，这种方式能够弥补上述两种数据获取方式的不足，亦因其以纵向和不相关市场集中行为居多，故而能够绕开竞争执法机构对其进行的经营者集中反垄断审查。这对于收购方而言是一个不错的选择，而对于竞争执法机构而言则需考虑此类数据集中行为引发的竞争公平问题。

第 3 章　数据驱动型经营者集中反垄断法规正当性及其挑战

3.1 数据驱动型经营者集中反垄断法规制的正当性

3.1.1 经营者集中规制的分散经济权力思想基础

竞争与互助影响着人类历史的发展，从达尔文的"物竞天择，适者生存"到克鲁泡特金的"互助是一切生物的进化法则"，[①]竞争在西方社会中一直交替充当着上帝与魔鬼的角色。

在 19 世纪，竞争所代表的自由和个人主义将西方自由资本主义推到了顶峰，进入垄断阶段后产生了一系列社会问题。在私法研究中，狄骥认为近代民法的三大原则，即绝对的所有权原则、意思自治原则和个人责任原则，应进行调整。他认为权利非个人独有而应具有社会职务和功能，集合契约的出现导致意思自治在某些条件下无法实现，客观责任应当替代主观责任成为立法选择。[②]法律制度因此发生变迁，在这一时期政府加强了对经济生活的干预，经济领域的管制性立法逐渐受到重视，反垄断法由此而生。[③]由此绝对个人主义和个人自由为基础的竞争受到了限制，个人或群体之间的公平竞争成为法律的保护对象。

然而，上述的努力无法阻挡资本主义自由经济走向垄断的步伐，20 世纪 30 年代发生的空前经济危机，使自由放任的经济理论陷入困境，凯恩斯国家干预理论应运而生，欧洲的古典自由主义思想因此遭受质疑和否定。主张秩序自由主义

---

① 克鲁泡特金. 互助论：进化的一个要素 [M]. 李平沤，译. 北京：商务印书馆，1963，序言第 3 页.

② 莱昂·狄冀.《拿破仑法典》以来私法的普通变迁 [M]. 徐砥平，译. 北京：中国政法大学出版社，2003：18–23.

③ 1890 年美国国会通过的《谢尔曼法》被誉为反垄断法之母，在其第 1 条中规定："任何契约，以托拉斯或其他形式做出的联合、共谋，用来限制州际之间或者与外国之间的贸易或商业，均属于违法；任何人签订上述契约或从事上述联合或共谋，均被视为刑事犯罪。"

的弗赖堡学派在防止国家经济规制从一个完全自由的极端走向另一个政府干预的极端过程中为古典自由主义寻找着出路。弗赖堡学派是 20 世纪西方十大经济学流派之一，诞生于 20 世纪 30 年代，是新自由主义的代表，该学派以弗赖堡大学的经济学家瓦尔特·欧肯和法学家佛兰兹·伯姆·汉斯·格劳斯曼·道艾尔为代表，他们以"秩序"为研究起点，以建立一个"有运作能力和合乎人类尊严的经济结构"为主要目标。[①] 弗赖堡学派也因此被称为秩序自由主义学派，主张把秩序与个人主义结合起来，在个人自由和自由滥用之间寻找平衡，防止经济权力完全集中于国家或过度集中于私人手中。弗赖堡学派将研究重点放在私人经济权力引起的经济、法律和社会问题上，认为经济资源的过度集中是一种罪恶，应当分散经济权力，减少大企业，建立一种由中小企业组成的具有竞争性的经济体系。[②] 弗赖堡学派对德国乃至整个欧洲的影响较大，德国的社会市场经济模式是在弗赖堡学派的思想影响下建立起来的，它一直致力于对中小企业的扶植，通过各种手段保证市场保持在一种分散经济权力结构状态下。二战以后，德国经济的高质量持续增长与该学派的市场竞争理论的贡献密不可分。

欧肯所说的"秩序"，是指有一定规则的安排，他认为与经济有关的秩序有两重含义，第一重含义上的秩序称作经济秩序，它是历史上实际存在的、具体的控制经济过程的机制，它有无数多种；第二重含义上的秩序则被欧肯称为经济的秩序（Ordnung der Wirtschaft），它只是许多种经济秩序中的一种，是那种最好的、真正适合人与事物本质的经济秩序。弗赖堡学派的全部经济政策主张都围绕着第二重含义上的秩序展开，这种秩序观念主张国家应当把建立一种适当的经济秩序当作经济政策的主要目标，依靠国家的秩序政策帮助竞争的展开，以保卫自由的市场经济。[③] 弗赖堡学派认为，建立一个有运行能力的、完全竞争的价格体系，是竞争原则的基本准则。这种价格应该由市场上的供求关系自发地决定，这种价格体系应以边际成本原则为基础，可以准确地反映物品的稀缺程度，引导经济实现资源最优配置。而形成合理价格体系的一个重要条件是完全竞争，欧肯将市场竞争分为垄断、部分垄断、寡头垄断、部分寡头垄断和完全竞争五种形态。他把各

---

① 梁小民. 弗赖堡学派 [M]. 武汉：武汉出版社，1996：134.

② 梁小民. 弗赖堡学派 [M]. 武汉：武汉出版社，1996：28.

③ 左大培. 弗赖堡学派的启示 [M]. 北京：东方出版社，2012：111.

数据驱动型经营者集中与反垄断法规制

种垄断市场占主导的经济秩序都作为不稳定的经济秩序,因此反对各种垄断一直是其所关心的问题。在弗赖堡学派中,对反垄断问题论述更多的是伯姆和格劳斯曼·道艾尔特。伯姆从经济法中关于竞争的基本法律原则出发,论证了依靠法律来消灭垄断的必要性。他认为,经济自由,尤其是私法的行动自由,是以竞争阻止垄断的形成为前提的,不能允许个别企业以经济自由,特别是契约自由来破坏竞争秩序。竞争是保证自由之路,因此,经济政策一定要消除对竞争的限制,并防止形成垄断。格劳斯曼·道艾尔特主张用经济立法来保护公众和个人,使他们免受经济上权力集团专制垄断之害。弗赖堡学派认为,秩序自由主义纲领的核心是竞争法,将竞争法理解为阻止竞争过程退化的手段。其竞争法观点重视私人经济权力这一核心问题,认为这种权力必然威胁竞争过程,应予以消除或防止其产生有害后果。[①]综上,弗赖堡学派的分散经济权力思想以完全竞争市场形态作为竞争法规制的基本方向,认为竞争执法机构在反垄断法规制时,应运用各种手段,预防私人经济权力的集中,使市场竞争尽可能趋向于完全竞争状态。

　　弗赖堡学派的分散经济权力思想直接影响到经营者集中反垄断法规制体系的建立。然而,分散经济权力思想与经济学中的规模经济效应存在冲突,它可能导致效率下降,从而最终影响社会总福利和消费者福利下降。经营者集中制度就是对上述冲突的法律回应,它的主要目的是在分散经济权力与效率之间寻找平衡。在最初的反垄断立法中,经营者集中制度并没有占据显著的地位,而是经历了较为漫长的演进过程之后,逐渐成为世界各国反垄断的三大支柱之一。

3.1.2　从传统经济权力到数据经济权力

　　2020 年 4 月,在中共中央、国务院公布《关于构建更加完善的要素市场化配置体制机制的意见》中将数据与土地、劳动力、资本和技术并列提出,数据成为第五大生产要素。人类的生产需要输入种类繁多的原料,生产要素是与社会生产和经济发展关系最为密切、最能发挥重要作用的原料。土地、劳动力、资本和

---

① 戴维·J. 格伯尔. 二十世纪欧洲的法律与竞争 捍卫普罗米修斯 [M]. 冯克利,魏志梅,译. 北京:中国社会科学出版社,2004:309.

技术历经了历史的验证，成为传统经济时代的四大生产要素，而数据之所以能够成为第五大生产要素，是因为它对经济增长具有特殊的贡献。

3.1.2.1　生产要素与经济增长理论

生产要素是一个源自经济学的概念，作为驱动经济增长的原动力，它是由生产方式决定的，是从经济发展时代特征中后验提炼而来。在农业经济时代，狩猎耕种与家庭手工业是最主要生产方式。土地和劳动力是最为重要的生产要素。18世纪70年代第一次产业革命爆发之后，以纺织机和蒸汽机等为代表的机械设备开始大规模投入工业生产，人类的生产方式发生了重大的改变，机械化生产成为当时经济增长的重要特征，作为物质资本的机器设备成为当时经济发展的第一生产要素。19世纪60年代后期，电力和内燃机的出现带来了第二次产业革命，经济社会发展从机械化过渡到电气化阶段，资本成为经济增长不可或缺的生产要素。[1]第一次产业革命和第二次产业革命表象驱动因素是设备和资本，其实质是技术进步，技术进步是劳动、土地和资本共同作用的结果，因其在经济发展过程中作用突出而被视为独立的生产要素。20世纪60年代以来，数字革命开始在美国等西方发达国家产生，并以此为核心向全球扩散，数字经济逐渐兴起并蓬勃发展。数字经济发展的前期是消费互联网阶段，它历经了基础技术、基础协议、学界全球互联网、Web1.0、Web2.0、移动互联等六个阶段。[2]近年来，数字经济逐渐从消费互联网走向产业互联网这一高级阶段，随着人类处理和分析数据能力的提升，数据因此成为生产要素，被认为是驱动数字经济发展的新"石油"，[3]新兴数字技术的核心。[4]

经济增长理论的发展主要经历了三个阶段，分别是古典增长理论、新古典增长理论和内生增长理论。古典增长理论将劳动和资本要素纳入到经济增长分析之

---

① 李政，周希祯. 数据作为生产要素参与分配的政治经济学分析 [J]. 学习与探索，2020（01）：109–115.

② 方兴东等. 全球互联网 50 年（1969–2019）：发展阶段与演进逻辑（上）[J]. 互联网天地，2019（10）：12–23.

③ 马化腾. 推动上"云"用"数"建设产业互联网 [N]. 人民日报，2020–05–07（12）.

④ UNCTAD, Digital Economy Report 2019–Value Creation and Capture: Implications for Developing Countries[R].2019：1.

数据驱动型经营者集中与反垄断法规制

中。古典增长理论研究的代表人物斯密通过对欧洲多国经济增长的考查，在其经典著作《国富论》中从劳动分工的角度指出，经济增长的根本在于生产率提升和劳动要素的大量投入，同时认为资本是经济增长的基础，资本积累将通过影响分工与专业化，对经济增长产生重要作用。[1]新古典增长理论在思想上继承了古典增长理论中对要素投入的重视，并在研究方法上实现重大突破。一方面，经济学家在重视劳动与资本要素投入的同时，对经济增长源泉的探索进一步深入到技术创新与全要素生产率的提高上面；另一方面，通过建立不同的增长模型，从理论上解释并检验促进经济增长的动力源泉，并按照生产函数的形式揭示生产要素对经济增长的贡献。[2]20世纪40年代，哈罗德和多马在凯恩斯理论的基础上，分别提出了发展经济学中著名的哈罗德－多马经济增长模型，新古典增长理论因此产生。该模型将经济增长与资本积累联系在一起。20世纪50年代中期，索洛建立起新古典增长模型，该模型表明，经济增长依赖于技术进步、劳动和资本要素投入的增加。索洛利用1909-1949年美国经济数据进行实证研究，结果表明高达87.5%的经济增长可以归因于技术变革。[3]丹尼森则进一步详细地分解了影响经济增长的各项因素，指出1929-1982年间美国整体经济增长率为年均2.9%，其中劳动和资本要素投入增长的贡献分别占32%和19%，技术进步的贡献占28%，而土地要素对经济增长的贡献为0。[4]内生增长理论以新古典增长理论的基本函数形式作为研究框架，进一步拓展了新古典增长理论模型中的变量并将其研究逐渐从要素数量的增加转向要素质量的提升。[5]它在理论内核和基本结论方面突破了新古典增长理论的要素规模报酬递减规律，指出通过知识积累与溢出、研发投资、人力资本积累等途径实现的内生技术进步对规模报酬的影响不再是递减的，而是递增的。

技术进步对于经济增长的直接贡献在于节约生产要素的投入，且技术进步对

---

① 谢识予. 斯密经济增长思想的理论内涵及现实意义 [J]. 复旦学报（社会科学版），2005（03）：162-168.

② 沈坤荣. 经济增长理论的演进、比较与评述 [J]. 经济学动态，2006（05）：30.

③ Solow, R. M. Technical Change and the Aggregate Production Function[J]. The Review of Economics and Statistics, 1957, 39(3): 312-320.

④ 郁庆璘. 丹尼森经济增长因素分析法 [J]. 外国经济与管理，1985（06）：33-36.

⑤ 石景云. 现代经济增长理论的演进 [J]. 经济评论，2001（03）：3-6.

生产要素节约投入的影响并不均衡，具有一定的偏向性，称为偏向性技术进步。阿西莫格鲁将偏向性技术进步定义为：如果技术进步使得某种要素的边际产出相对于其他要素的边际产出的增长幅度较大，那么技术进步就是偏向该要素的。[1] 运用该定义可得出相类似的数据偏向性技术进步概念，即如果技术进步使得数据的边际产出相对于其他要素的边际产出的增长幅度较大，那么技术进步就是数据偏向性的。也就是说，节约土地、劳动、资本的技术进步就是数据偏向性技术进步。新兴数字技术都是围绕着数据要素的生产与使用进行的，数据要素的大规模使用将产生规模报酬递增效应。因此，可以认为数字技术或新一代信息技术是特征明显的数据偏向性技术进步。[2] 综上，数据要素既是所有迅速出现的数字技术的核心，通过数据偏向性技术进步，它还为其他生产要素赋能，其对生产力发展所带来的影响在某种意义上超过了其他生产要素。[3] 生产要素对经济增长的作用不仅直接来自要素投入的增加，而且要素配置的改善也将对经济增长产生间接的促进作用。生产要素从低生产率行业流向高生产率行业，即通常所谓的"结构红利"；反之就会出现要素错配或要素配置扭曲，产生"结构负利"。我国学者的一些实证研究表明，如果消除所有错配年份的错配因素，则可以使我国 GDP 增长率平均每年提高 0.90 个百分点。[4] 资本错配改善平均能使产出效率提高 1.37%；而劳动错配改善的提升作用为 0.91%。[5] 上述结论具有明确的政策含义和指向，即在短期内提升经济增长率和全要素生产率的重要途径之一，就是减少要素流动障碍并抑制价格扭曲，消除要素错配的影响，[6] 数据作为五大生产要素之一，也应遵循上述要素配置的规律。

上述理论梳理表明：①生产要素投入数量的增加和投入质量的提升直接推动了经济增长。②伴随经济的发展，土地、劳动和资本等传统生产要素对经济增长的拉动作用逐渐弱于技术要素。③数据偏向性技术进步成就了数据特殊的生产要

① Acemoglu, D. Directed Technical Change[J]. The Review of Economic Studies, 2002, 69(4): 781–809.

② 腾讯研究院. 宏观经济增长框架中的数据生产要素：历史、理论与展望 [EB/OL]. https://tisi.org/14625, 2021–12–01.

③ 李政，周希禛. 数据作为生产要素参与分配的政治经济学分析 [J]. 学习与探索，2020（01）：111.

④ 曹玉书，楼东玮. 资源错配、结构变迁与中国经济转型 [J]. 中国工业经济，2012（10）：5–18.

⑤ 姚毓春等. 劳动力与资本错配效应：来自十九个行业的经验证据 [J]. 经济学动态，2014（06）：69–77.

⑥ 王林辉，高庆昆. 要素错配水平及其对全要素生产率作用效应的研究 [J]. 经济学动态，2013（06）：61–67.

素地位。④生产要素结构的优化配置具有间接促进经济增长的作用。

3.1.2.2 数据经济权力

从经营者的视角看，经营者集中是经营者获取经济权力的行为，其目的在于：一方面能够在既有市场上通过获取技术、原材料、人力等资源优势，提高其对产品的定价能力和定产能力，进一步增加产品种类及扩大产品范围，获得市场空间，提升市场竞争力；另一方面是为了寻找并投资于快速增长的行业及产业，获取规模经济效益和范围经济效益，提高综合营业收入、降低单一市场带来的经营风险。

经济权力有多种表现形式，进入数字经济时代，原有的人、财、物及技术等方面的经济权力依然在经营过程中发挥重要作用的同时，数据成为一种重要的经济权力。在传统经济下，经营者已经开始利用数据为自己创造价值，例如运用市场调查获得的小规模数据进行营销方案策划和产品推广等。但是，受数据收集、传输、处理与储存能力的限制，数据在数量、种类及时效性上存在缺失，经营者拥有的数据难以及时有效反映经营环境的客观变化，亦无法以数据为依据参与市场竞争和经营决策，故而无法成为经营者在竞争中击败对手的利器。数字经济是以数字化的知识和信息作为关键生产要素、以现代信息网络作为重要载体、以信息通信技术的有效使用作为效率提升和经济结构优化的重要推动力的一系列经济活动。①数据作为数字化的知识和信息的代名词，已经成为经营者的核心资产被广泛应用于产品或服务优化和商业模式创新等方面，是驱动经济发展的关键生产要素。②在数字经济下，传统的依赖于组织、流程、经验以及绩效驱动的运营模式无法使经营者获得持久的竞争优势，数据开始进入经营决策的核心，经营者围绕数据及生产数据的算力和算法等新经济权力的竞争逐渐展开。笔者将此类新经济权力称之为数据经济权力，从经营者的角度来看，数据经济权力体现在经营者获取、分析和运用数据的能力，也包括增加消费者对其产品或服务黏性在内的一切能力。Nemzow 最早将黏性概念引入电子商务领域，认为黏性是将网站的访问

① G20 杭州峰会. 二十国集团数字经济发展与合作倡议 [R]. 杭州. 2016：1.
② 马化腾，等. 数字经济——中国创新增长新动能 [M]. 北京：中信出版社，2017：6.

者转变为消费者并促使原有消费者重复购买的过程,是与消费者有实际相关性的,契约的或无意识的潜在因素。[①]他指出,对一个独立的电子商务网站来说,仅依靠经营者的品牌、客户关系、顾客忠诚等所建立起来的黏性容易被复制,不足以无限期地保留用户,当竞争者能够提供更好的服务品质时,用户可能会发生转移行为。因此,网站还需要与用户建立错综复杂的联系,通过流程集成、数据等建立起用户的转换障碍,形成网站的竞争优势。消费者在经营者处经年积累的数据增加了其转换平台的成本,故而产生消费者黏性。对于经营者而言,通过数据增加消费者黏性的能力是其拥有数据经济权力的体现。

如果经营者拥有的数据经济权力是其他经营者无法替代或获得的,那么就有可能形成一种市场壁垒。依据传统的竞争分析理论,它可能阻碍竞争者在相关市场的公平竞争或潜在竞争者的市场进入。但数据经济权力形成市场壁垒或市场势力的力量并没有传统经济权力那么强,这是由数据的特征决定的:①传统经济权力可以较为直接地转化为相关市场上的竞争力,由于数据具有低价值密度的特点,占有数据并不意味着自然地拥有市场力量,需要数据占有者具备数据处理分析能力才能将其转化成为市场竞争力。②传统经济权力价值稳定性较强,而数据具有较强的时间依赖性,时效性较强的数据具有较高的价值,随着时间推移其贬值速度加剧。③传统经济权力相对唯一,复制门槛较高,而数据可以有多个副本,且被其他种类数据替代的可能性也较高。上述区别可以概括为数据经济权力的间接性、时效性和可替代性三个特点,这些特点弱化了数据经济权力对市场竞争的影响,在进行反垄断竞争分析时应认识到拥有数据经济权力的经营者比拥有传统经济权力的经营者在相关市场的竞争影响力要弱一些。此外,数据还影响市场透明度,一方面,数据使市场更透明、竞争更激烈;另一方面,数据在使合谋更加容易的同时,使监督也更加容易。总之,数据对竞争具有双向影响力,对于经营者而言有促进其经济权力达成的正面效应,也有制约经济权力集中的弱化效应,在具体实践中应进行个案分析,不应一概而论。

---

① Nemzow, M. Ecommerce Stickiness for Customer Retention[J]. Journal of Internet Banking and Commerce, 1999, 4(01): 34–39.

3.1.3 以反垄断法规制数据经济权力

经济权力的取得有内生和非内生两种模式。内生模式是指通过扩大客户基数和增加销售额来扩大业务的模式。非内生模式是指经营者通过非自身的外部力量，例如经营者集中，获得发展壮大的模式。非内生模式应引起竞争执法的关注，因为如果缺乏规制，经营者的非内生成长可在瞬间实现，改变原有市场结构，引发相关市场竞争失衡。驱动经济权力非内生增长的动因在于协同效应，体现在范围经济、规模经济、技术及资源协同和财务协同等方面：①范围经济是指增加不同产品的生产数量可能实现的成本节约，在生产投入总量一定的情况下，集中后经营者的总产出大于集中前经营者各自生产一种产品可以实现的产出之和。范围经济涉及与营销和分销范围扩大或缩小以及不同种类产品的数量变化带来的效率，更多考虑的是需求方面的变化。②规模经济是指经营者由于扩张所获得的成本优势，随着产品规模的逐渐扩大，生产者的单位平均成本降低。规模经济是经营者考虑集中时的主要依据，在进行经营者集中反垄断审查时还应考虑其唯一性问题，即经营者除了集中以外是否还有其他方式实现规模经济。与范围经济不同，规模经济主要考虑供应方面的变化。③技术进步产生的协同效应通常由降低生产成本的工艺创新和提升产品价值的产品创新而引发。经营者集中的收购方可以获得被收购方的资源，包括有形资源和无形资源。有形资源包括厂房、设备等，无形资源包括如数据、商业秘密、专利、版权、租约及人力资源等。④财务协同主要体现为更高的现金流量或更低的资本成本，一个拥有现金盈余的经营者和一个具有高回报率项目的经营者之间的联合成功与否，取决于较低的内部融资成本与较高的外部融资成本之间的比较。具有不同现金流和投资情况的经营者集中，可能会产生协同效应，并实现资本成本的降低。

3.1.3.1 数据内生增长中的消费者福利保障

数据的内生增长，即自身积累，一般要经历一个从生产、价值发现、使用到消费的过程，对应的法律主体分别是数据的生产者、价值发现者、使用者和消费者四类。[①]在数据积累过程中可能产生的法律问题会涉及绝大多数部门法，如民法对数据权益的保护、数据安全法对数据及数据基础设施的安全保护、刑法以及个人信息保护法对侵犯个人信息犯罪的惩罚、经济法对数据分享流转的规范等。

　　数据按其来源可以分为工业数据和个人数据，工业数据是指经营者使用传感器收集的与实际"有形物"相关的行为和状态的数据，例如设备、人体和土壤。在通常情况下，工业数据的生产由经营者独自参与，工业数据的所有权和使用权尽归经营者所有。而个人数据的生产是个人数据生产者有意识的行为活动下的无意识生产过程，此过程由多方参与，数据权属并不明朗，具有人格权和财产权双重属性。我国《民法典》和《个人信息保护法》中对个人信息的保护以及欧盟《通用数据保护条例》对于数据自决权、访问权、被遗忘权等权利的保护都体现了法律对于个人数据人格权的关切。[②]个人数据财产权是在人格权基础上延伸而出的，由于数据人格权的使用能够创造经济价值继而衍生出财产权利，包括数据的使用权、收益权和可携带权等。从我国的司法实践来看，法院倾向于认可数据的财产权益属性，如在汉涛诉百度案中，用户评论信息属个人数据范畴，但法院也认可了经营者的劳动价值，认为"用户评论信息是汉涛公司付出大量资源所获取的、具有很高经济价值的劳动成果"，而百度公司的行为属于"未经许可使用他人劳动成果"的情形[③]然而，如果确认了数据的财产权属性，又有引发竞争问题的可能，数据的财产权在数据网络效应、规模经济与范围经济等外部性效应的影响，易造成"只进不出，有收无放"的"数据黑洞"。占有数据竞争优势的经营者将成为强大的数据控制者，容易形成数据垄断，减损市场竞争和消费者福利。价值发现是通过对数据的采集和处理分析，发现其价值的过程。在价值发现环节，反垄断关注的重点是如何保持效率与垄断之间的平衡问题，既要赋权激励价值发现者挖掘数据价值，又要通过设置必要的行为界限防止造成数据垄断的不良后果，如防止经营者将数据竞争优势传导至其他相关市场等。数据使用是价值数据与实体经

[①] 丁文联. 数据竞争的法律制度基础 [J]. 财经问题研究，2018（02）：13-17.

[②] 在我国《个人信息保护法》第四章中也有欧盟《通用数据保护条例》中相类似的规定，个人对其个人信息的处理享有知情权、决定权、拒绝权、复制查阅权、更正补充权、删除权等。

[③] 孙国瑞. 关于大众点评诉百度不正当竞争案的一点思考 [J]. 中国审判，2017（27）：82-83.

济相结合创造价值的过程。与价值发现环节相类似,在该环节中法律关注的也是一个平衡的问题,既要鼓励数据使用者不断创新、推动经济发展,也要设置行为规则,避免在使用过程中侵害既有权人的利益。值得注意的是个人数据的生产者往往也是数据产品的使用者,其权利应该得到与数据生产者同样的保护。除消费者的隐私利益值得关切外,在数据不正当竞争与数据垄断行为的认定中,也应考量消费者福利因素。

3.1.3.2　数据驱动型非横向经营者集中

数据驱动型经营者集中行为可能发生在横向和非横向市场中,近年来数字经济下的非横向经营者集中出现了一些区别于传统市场的新变化:一是产业链控制能力意愿增强,经营者希望将其在某一相关市场上的竞争优势传至上下游市场中去;二是战略性收购增多,经营者通过收购最具潜质竞争对手的方式减轻其潜在竞争压力;三是纵向、混合型集中行为识别难度增加;四是集中行为动机更为多元,创新潜力、隐私保护、产品或服务质量、网络便捷性等非价格因素影响逐渐增大。[①]为了应对这些新变化,数据驱动型非横向经营者集中的规制研究因此具有较大的现实意义。

3.2　数字经济下经营者集中反垄断法规制的新发展

3.2.1　德国《反限制竞争法》的数字化发展

德国经济发展的历史与社会市场经济模式密不可分,社会市场经济模式认为市场良好运转的经济基石是公平竞争,公平竞争能够产生创新并防止垄断的形成。

1958年颁布的《德国反限制竞争法》(简称GWB),是德国社会市场经济体制和德国竞争政策的集中体现,在德国被称为经济宪法,它也是大陆法系国家中最重要的反垄断法之一,长期影响着欧盟竞争法及其他成员国的反垄断立法。从1958年起,GWB分别于1966年、1973年、1976年、1980年、1989年、1998

---

① 郭玉新. 论数字科技企业纵向合并的反垄断法规制 [J]. 甘肃政法大学学报,2020(06):53-64.

年、2005 年、2013 年、2017 年和 2021 年经历了十次修订。前五次修订都是对旧法的修修补补，[①]第六、七、八次修订的主要目的在于实现与欧盟竞争法的协调与对接。[②]第八次修订之后 GWB 由六编构成：第一编限制竞争行为由限制竞争的协议及协同行为、市场支配及限制竞争的行为、欧洲竞争法的适用、竞争规则、适用于特定经济领域的特殊规定、卡特尔当局的权限及制裁、经营者集中控制、反垄断委员会和电力，天然气和燃料大宗消费市场透明发布站等九章组成；第二编卡特尔当局（Kartellbehörden）由总则、合作和联邦卡特尔局三章组成；第三编程序（Verfahren）由行政事项、罚款、强制执行、民事诉讼和共同规定五章组成；第四编公共采购的招标投标（Vergabe von öffentlichen Aufträgen und Konzessionen）由招标投标程序、审查程序和其他规定三章组成；第五编为适用范围（Anwendungsbereich）；第六编为过渡性条款和最终条款（Übergangs– und Schlussbestimmungen）。其中第 35 条至第 43 条（第一编第七章）是经营者集中规制的核心条款，由适用范围、判定合并的原则、合并的概念、销售额和市场份额的计算、申报和报告义务、合并控制的程序、合并禁令及禁令的解除、部长特批和公告等 9 个条款组成。

　　为了应对数字化市场的挑战，尤其是大数据和人工智能等新技术对反垄断法提出的挑战，2017 年德国对 GWB 进行了第九次修订。在本次修法中新增了数字市场反垄断法条款，由相关市场界定条款、市场力量认定条款和交易额条款组成，德国也因此成为世界上第一个明文规定数字市场反垄断法的国家。GWB 第九次修订的主要内容包括：①增设第 18 条 2a 款。第 18 条是评估经营者是否具有市场支配地位的相关条款，新增设的第 18 条 2a 款是"市场假设并不排除免费提供服务的可能性。"在网络广告市场、搜索引擎市场和电子商务市场的双边或多边市场中，"免费"提供商品或服务已经成为一种常见现象，其实"免费"并非是真正的免费，用户"付给"平台经营者的"数据"和"注意力"可以被视为

---

① 王晓晔. 德国《反对限制竞争法》的第六次修订 [J]. 德国研究，2000（01）：33-36.

② 邵建东. 德国新修订的《反限制竞争法》介绍 [J]. 南京大学法律评论，2000（01）：186-194；土健. 德国竞争法的欧洲化改革——《反限制竞争法》第 7 次修订述评 [J]. 时代法学，2006（06）：88-93；李琼等. 德国反限制竞争法 [J]. 中德法学论坛，2017（01）：229-308.

数据驱动型经营者集中与反垄断法规制

是付费行为。[①]而在 GWB 第九次修订之前，这种观点并未得到竞争执法机构的支持，在德国杜塞尔多夫高等法院 2015 年"HRS 酒店预订网站'最佳价格条款'"案的判决中认为，HRS 酒店预订平台为用户提供"免费"预订服务的一方不能构成相关市场，[②]因为在德国，反垄断法意义上的市场确认的前提条件是买卖双方存在交换关系，在该案中法院并不认可用户的数据和注意力是 HRS 提供的酒店预定服务的对价。在 GWB 第九次修订中，新增设的第 18 条 2a 款明确了无偿给付与认定市场之间并不矛盾，是否付费不再是判断相关市场构成的依据。②增设第 18 条 3a 款。将直接或间接网络效应、并行服务以及平台切换难易程度、与网络效应相关的规模经济、与竞争有关的数据访问和创新驱动的竞争压力等因素纳入多边市场地位评估的考量范围。③增设第 35 条 1a 款条款。增设交易额申报标准，使交易额达到 4 亿欧元的经营者可能具有集中申报义务。

在 GWB 第九次修订后的四年间，全球的数字化进程继续向纵深发展，特别是在新冠疫情期间，数字设备、产品和服务将人们在经济和社会生活中系统地联系在一起，人类迎来了全面数字化时代的到来。这一阶段数字化发展的特点体现在：①市场之间和市场参与者之间连接方式和速度的改变；②现实世界和数字世界之间的边界渐变模糊；③数据创造价值的能力不断增强。德国立法机构将上述变化归因于平台经济和数据经济的创新与发展，[③]2021 年 1 月，GWB 第十修订案获得联邦议会通过，其全称为"主动针对数字化竞争法 4.0 及其他条款的反限制竞争法修订案（简称反限制竞争法 – 数字化法）"〔Gesetz zur Änderung des Gesetzes gegen Wettbewerbsbeschränkungen für ein fokussiertes, proaktives und digitales Wettbewerbsrecht 4.0 und anderer Bestimmungen (GWB–Digitalisierungsgesetz)〕，德国因此成为世界上第一个对数字经济反垄断立法的国家。在本次修订案中，对数据概念重视有加，数据（Daten）一词共计出现 28 次。在 GWB 第十次修订中，与数字经济相关的修订内容包括：①对第 18 条的

---

① 周万里.《德国反限制竞争法》的第九次修订 [J]. 德国研究，2018，33（04）：78–89+142.

② OLG Düsseldorf, 09.01.2015 VI Kart 1/14 (V). Zur Zulässigkeit einer Bestpreisklausel eines Hotelportals.

③ Deutscher Bundestag.Beschluss des Deutschen Bundestages–Gesetz zur Änderung des Gesetzes gegen Wettbewerbs–beschränkungen fu.r Ein Fokussiertes, Proaktives und Digitales Wettbewerbsrecht 4.0 und Anderer Bestimmungen (GWB–Digitalisierungsgesetz),14.01.21.

修订。将"与竞争相关的数据访问权"纳入第 18 条 3 款中，作为评估经营者市场地位的特别考量因素。增设 18 条 3b 款强调，在界定多边市场充当中介经营者的市场地位时，必须考虑其提供的中介服务对采购市场和销售市场的进入是否产生重大影响。②对第 19 条第 2 款第 4 项的修订，将数据访问权与经营者网络和其他基础设施一同列入具有支配地位经营者必须开放的领域。即"当具有支配地位的经营者作为某种特定类型的商品或工商业服务的提供者或需求者时，如果拒绝其他经营者以合理对价对其数据进行访问、进入其所拥有的网络或其他基础设施，导致另一家企业由于事实上或者法律上的原因无法在前置或者后置市场上从事经营活动……"此处修订意味着，在德国，数据访问权已经成为判断市场支配地位的重要标准。③增设 19a 条，用以判断具有跨市场支配地位经营者的滥用行为。首先，对 18 条 3b 款中跨平台中介经营者滥用行为进行了列举说明，其中包括数据的禁止访问行为；其次，在新增的 19a 条第 2 款第 4 项、第 5 项和第 7 项中，德国卡特尔局将禁止以下经营者的数据滥用行为：一是使用收集的数据设置或提高市场进入门槛；二是以为用户提供服务为由，要求用户分享非必要、超范围（数量和质量）数据资源；三是损害数据的可移植性。④增设 20 条 1a 款。禁止拥有市场支配地位的经营者拒绝开放从第三方获得的，对自身经营必要的数据访问权。⑤在 35 条 1 款 2 项中，对营业额标准进行了调整，将一方在德国的营业额由 2500 万欧元调整为 5000 万欧元，并且另一方在德国的营业额由 500 万欧元调整为 1750 万欧元。⑥在 36 条 1 款 2 项中规定，涉及小型市场的合并也需要预先申报，并对小型市场的界定标准做出了调整，由原来的在德国的年度总营业额 1500 万欧元调整为 2000 万欧元。

3.2.2　欧盟《数字市场法》创设守门人制度

在欧洲，经营者集中的规制立法最早可以追溯到 20 世纪 50 年代，在此之前其主要关切的反垄断问题集中在占市场支配地位经营者的滥用行为及协议垄断行为，经营者集中被认为是建立强大的欧洲经济区的"正面"行为，并未得到竞争关注。1951 年法国、德国、意大利、荷兰、比利时和卢森堡六个成员国共同缔结了《欧洲煤钢共同体条约》（巴黎条约），经营者集中规制的法律条款

数据驱动型经营者集中与反垄断法规制

集中在该条约的第 66 条之中。本次立法是受美国经营者集中立法的影响以及出于防止当时德国煤钢行业市场力量复苏的目的而订立的,[1]且只针对特定行业的集中行为。[2]1973 年欧盟提出了关于企业并购控制条例草案,但由于种种原因该草案在当时并未在欧盟内部达成共识,历经 17 年五次的修改,直到 1989 年才出台了《第 4064/89 号关于企业并购控制的理事会条例》,它是欧盟第一部从竞争法意义上规范经营者集中行为的法规,用以规制在欧盟范围内造成影响的经营者集中行为,成为欧盟竞争法的核心内容。1997 年欧盟通过了《第 1310/97 号理事会条例》,对《第 4064/89 号理事会条例》中"具有共同体影响的并购"等有关内容加以修订,扩大了欧委会的权限,确立了涉及多国企业的"一站式"程序。2004 年欧盟通过了《关于控制企业集中的第 139/2004 号理事会条例》(以下简称 2004 年《并购条例》),《第 4064/89 号理事会条例》和《第 1310/97 号理事会条例》同时废止,该条例改革内容主要包括实体审查标准、管辖权、审查程序和内部监督制度等四个方面,其中实体审查标准的改革影响意义深远。

  2004 年《并购条例》确定了严重损害有效竞争标准(Signicant Impediment to Effective Competition,简称 SIEC)。SIEC 是市场支配地位标准(Market Dominance test,简称 MD)和严重损害竞争标准(Signicant Lessening Competition,简称 SLC)的结合,是两种审查标准之间妥协的产物。MD 在 1989 年并购条例第 2 条第 3 款中有所体现,指如果一项集中会导致产生或加强支配地位,并可能严重损害共同市场或者是共同市场大部分范围内的有效竞争,就应当被判定为与共同市场不相符的反竞争集中行为。MD 是一种市场结构分析方法,这种方法非常强调相关市场的界定、市场份额,并且对竞争对手给予了更多的关切。[3]SLC 测试是美、英、澳大利亚、新西兰、爱尔兰等国运用的实体审查标准,它运用经济学工具分析并购对竞争的影响,强调企业相互之间所施加的经济动力、经验证

---

① Weitbrecht, A. From Freiburg to Chicago and Beyond–the First 50 Years of European Competition Law[J]. RRDE, 2011: 79.

② 即后来的《欧盟运行条约》第 101 条和第 102 条。

③ Mcdavid, J. L. Proposed Reform of the EU Merger Regulation: A US Perspective[J]. Antitrust, 2002, 17: 52.

据的经济学分析。[①] SIEC 标准认为产生或者加强市场支配地位，只是一项并购被否决的主要原因，但并非唯一严重损害有效竞争的原因，它意在使欧盟能够以可能会给消费者福利带来的影响为基础评价合并交易，而不会过于倚重市场结构性因素。

此外，与 2004 年《并购条例》相配套的法律规定和相关文件还有：《关于实施＜关于控制企业集中的第 139/2004 号理事会条例＞的第 802/2004 号欧委会条例及其附件》《关于控制企业并购的理事会条例中并购的评估指南》《欧委会关于第 139/2004 号理事会条例中处理某些企业并购的简化程序的通知》《竞争总司关于欧共体并购控制行为程序的最佳实践》和《欧委会关于企业并购的案件分配的通知》等。2004 年《并购指南》包括横向合并规制和非横向合并规制两个部分，在进行相关市场界定之后，主要有非协调效应评估、协调效应评估，抵消性买方力量、市场进入壁垒、效率和濒临破产企业抗辩等六大分析环节。非横向合并规制规则主要包括从生产效率和成本节约、纵向外部性和排他性、交易成本与劫持问题、纵向并购评估和混合并购评估等五方面内容。2008 年欧盟将非横向集中行为单独列为立法对象，颁布了《非横向合并指南》，将横向集中分析的重点（协调效应和非协调效应分析）运用于非横向集中规制的竞争分析之中。

目前，欧盟实施经营者集中规制的法律文件共分为六大类：[②] 第一类是《欧盟运行条约（TFEU）》中关于经营者集中的规定，包括第 3、14、101、102、103、104、105、106、119、346 条等，其中 101、102 和 106 条是核心条款（Core provisions）；第二类是一般规则（General rules），包括立法框架（Framework Legislation）指《关于控制企业集中的第 139/2004 号理事会条例》和实施条例（Implementing Regulation）指《欧盟委员会条例第 802/2004 号》；第三类是通知和指南，主要针对集中条例中的重要概念和程序进行了细化说明，包括管辖权、简化程序、相关市场界定、横向和非横向集中评估指南、集中的救济等；第四类是《欧洲经济区协定》中与经营者集中相关的规定，包括协定的第 53-65 条、案

① Snelders, R.& Dolmans M. Cross-Border Mergers in Company Law and Competition Law: Removing the Final Barriers[J]. SEW, 2002, 50(9): 307-332.
② EU Competition Law – Rules Applicable to Merger Control[EB/OL].https://ec.europa. eu/competition/mergers/legislation/Merger2015.pdf,2021-12-01.

数据驱动型经营者集中与反垄断法规制

件转交说明等；第五类是欧盟国家竞争管理部门之间及与第三国竞争管理部门之间合作的惯例及方法；第六类是最佳实践指南，包括诉讼程序、资产剥离承诺范文、受托人授权范本和经济证据及数据提交的最佳做法等。

2020 年 12 月欧盟委员会出台了《数字市场法》（The Digital Markets Act ）草案。其初衷在于一方面推进 2015 年提出的数字单一市场战略，重视数据的流动性，防止欧盟内部国家之间形成数据孤岛；另一方面防止数字平台企业的垄断行为，推动欧洲数字经济健康可持续发展。该部立法草案代表了 21 世纪欧盟互联网立法的首次重大改革。[①]

3.2.2.1 "守门人"制度

《数字市场法》可视为欧盟在数字经济领域反垄断立法的一部分，其重点规制对象为大型数字平台企业,在该法案中被称为"守门人"。该法案确立了"守门人"制度，基于业务规模（营收或市值）、用户数量和持久地位三个标准判断"守门人"身份，满足其中之一即可推定为"守门人"。①如果数字平台企业过去三年在欧洲经济区的营业额超过 65 亿欧元，或者在上一年度平均市值达到 650 亿欧元，并且至少在三个成员国提供核心平台服务，则符合业务规模标准。②如果数字平台企业上一年度在欧盟境内月活跃终端用户超过 4500 万且年活跃商业用户超过 1 万，则符合用户数量标准。③如果数字平台企业在过去三年中的每一年都符合上述两个标准，则符合持久地位标准。对于未满足上述标准的数字平台企业，欧委会仍可通过评估以下因素确认其"守门人"身份：①经营规模，包括营业额、市值、业务量、市场地位；②用户量，包括商户数量和活跃终端用户数量；③市场进入壁垒，特别是来自网络和数据驱动效应的进入壁垒；④规模效应和范围效应，包括数据引发的规模和范围效应；⑤封锁效应，包括市场结构和对商业用户或终端用户的锁定等；⑥上述因素对未来的可预见影响。欧盟对"守门人"身份的评估是以传统的经营规模、市场结构、市场进入壁垒、封锁效应等因素为基础，重视用户量、平台效应、数据驱动效应等数字经济特征的分析，其评估思路值得经营者集中反垄断法规制借鉴。

---

① 黄晋. 欧盟对大型数字平台实施积极监管 [N]. 经济参考报，2021-05-25（008）.

一旦数字平台企业被确认为"守门人"则应履行允许用户在守门人平台之外向第三方推广服务、订立合同，允许第三方访问用户在守门人平台上产生的数据等规定性义务，以及不得阻止用户卸载任何预装应用程序，不得限制用户获得守门人平台之外的服务等限制性义务。

3.2.2.2　"守门人"经营者集中行为的事先通知义务

《数字市场法》还规定了"守门人"对其实施的经营者集中事先通知的义务。草案规定，"守门人"在与其他数字企业平台实施经营者集中前和协议订立、公开竞价公告或者取得控制权之后通知欧盟委员会。通知应包括其在欧洲经济区和全球的年度营业额，相关核心平台服务在欧洲经济区的年度营业额，年度活跃商户数和月度活跃最终用户数以及集中理由。若在集中后，另一核心平台服务单独满足其上一财务年度在欧盟建立或者定位的月活跃最终用户数超过 4500 万（占欧盟人口数量的 10%），且欧盟境内的活跃商户为 1 万家，则相关的"守门人"应在集中实施后的三个月内将此情况通知欧盟委员会，并向欧盟委员会提交相关信息。[①] 笔者认为，该义务是欧盟在维持现有经营者集中规制法律框架下将经营者集中申报制度向平台经济乃至数字经济领域的延伸，也体现了欧盟经营者集中申报制度的新变化，特别是核心平台服务用户和商户量化标准的提出，将经营者集中规制从事前进一步延伸到了事后。遗憾的是除了通知义务外，《数字市场法》几乎没有涉及守门人更多的集中行为。[②] 也就是说，该法浅尝辄止，只涉及了经营者集中的申报环节，对于竞争审查、救济等规制环节几乎只字未提。

2021 年 2 月欧盟在对近年来网络平台立法情况进行梳理的基础上，发布了《网络平台如何塑造我们的生活和商业发展手册》。该手册描述和分析了欧盟平台经济的发展现状，指出欧盟在公民基本权利、商业交易环境、消费者权益保护及税收等方面面临挑战。尽管欧盟采取了一系列有针对性的干预措施，如发布了《视听媒体服务指令》（The Audiovisual Media Services Directive）、《版权指令》（The Copyright Directive）和《在线恐怖主义内容条例》（the Regulation on Terrorist

---

① 黄晋. 欧盟对大型数字平台实施积极监管 [N]. 经济参考报，2021-05-25（008）.

② 朱战威. 欧盟《数字市场法》经济评估报告概要 [N]. 经济参考报，2021-08-17（008）.

Content Online）等法律条例，但仍存在不足，认为包括《数字市场法》在内的《平台商业条例》（The Platform-to-Business Regulation）和《数字服务法》（The Digital Services Act）在一定程度上弥补了不足，构成了目前欧盟在线平台监管领域的三项关键立法举措。[①]

3.2.3 我国的《平台反垄断指南》

2021 年 2 月国务院反垄断委员会发布的《国务院反垄断委员会关于平台经济领域的反垄断指南》（以下简称《平台反垄断指南》）对我国数字经济领域中的反垄断问题做出了针对性的规范。该指南是全球第一部官方发布的系统性、专门性针对平台经济领域的反垄断指南，从申报标准、主动调查、考量因素和救济措施四个方面对平台经营者集中规制做出了规定。①申报标准。除对营业额申报标准做出细化规定外，还可以考虑使用平台所涉交易金额作为申报标准。②主动调查。规定了竞争执法机构实施主动调查的几种情况。③考量因素。《平台反垄断指南》第二十条是对《经营者集中审查暂行规定》第二十四条在平台经济领域集中竞争分析的具化规定。将竞争考量因素分为相关市场份额因素、市场控制力因素、相关市场集中度因素、市场进入难易程度因素、经营者集中对技术进步的影响因素和经营者集中对消费者的影响因素六大类。④救济措施。《平台反垄断指南》第二十一条是对《经营者集中审查暂行规定》第三十三条在平台经济领域集中救济的具化规定。平台集中救济既可以采取剥离知识产权、技术、数据等无形资产或者剥离相关权益等结构性条件措施，也可以采取开放网络、数据或者平台等基础设施、许可关键技术、终止排他性协议、修改平台规则或者算法、承诺兼容或者不降低互操作性水平等行为性条件措施，还可以采取结构性条件和行为性条件相结合的综合性条件措施。上述分析表明，数据问题是平台反垄断的核心之一，《平台反垄断指南》也为数据相关的反垄断法规制提供了较好的思路。

---

① 《平台商业条例》旨在通过对在线平台使用条款和补救措施的细化规定，为平台上的小中企业和用户创造公平、透明和可预测的商业环境；《数字服务法》规定了作为消费者与商品、服务和内容中介的数字服务商应承担的义务，为在线平台创设了强有力的透明度要求和问责机制，从而构建更加公平、开放的欧洲数字市场。

3.3　数据驱动型经营者集中对反垄断法的挑战

近年来，随着数据驱动型经营者集中成为规制的焦点，在域外反垄断法领域出现了大量的案例，例如欧盟委员会 2008 年审查的 Thomson 并购 Reuters 案、Google 收购 Doubleclick 案；2010 年的 Microsoft 收购 Yahoo! Search Business 案；2014 年的 Facebook 收购 WhatsApp 案；2016 年的 Microsoft 收购 LinkedIn 案。美国竞争执法机构 2007 年审查的 Google 收购 Doubleclick 案、2008 年审查的 Thomson 收购 Reuters 案、2011 年审查的 Google 收购 ITA 案、2014 年审查的 Bazaarvoice 收购 Power Reviews 案。除了个案审查外，OECD、法国、德国、加拿大、日本等还在相关研究报告中论述了涉及数据聚集的经营者集中控制问题，尤为关注经营者集中申报标准的调整、数据聚集对下游产品市场的封锁以及数据聚集对隐私保护的影响等问题。值得一提的是，出于对涉及数据聚集和战略收购（Killer Acquisitions）的经营者集中进行反垄断审查的目的，德国和奥地利调整了经营者集中申报标准，除保留营业额标准外，还增设交易额标准。再者，为了提升交易额标准的可操作性，两国竞争主管部门还联合发布了《强制性合并前通知的交易价值门槛指引》。

在我国，经营者集中反垄断审查案件数量不断攀升，"十三五"期间，经营者集中申报案件 2159 件，[①] 如此庞大的案件审查数量表明，我国负责经营者集中反垄断审查的竞争执法机构积极作为，甚至可以说是执法热情高涨。但与之形成反差的是在数据相关的经营者集中规制中却少有作为。[②] 长期以来，相关数据聚集行为始终没有得到反垄断执法机构应有的重视。究其原因，一方面，在我国 2008 年实施的《反垄断法》未对数据垄断行为规制提供相关依据；另一方面，我国现有的经营者集中申报标准未能发挥应有的作用，加之对未依法申报的经营

---

① 其中审结 2023 件，总涉及交易额 22.3 万亿元，较"十二五"时期分别增长 74%、81% 和 62%。附加限制性条件批准 22 件，查处违法实施经营者集中案件 53 件。网址：http:// gkml. samr. gov.cn/nsjg/ xwxcs/202010/t20201027_322668.html,2021–12–01.

② 除 2012 年沃尔玛收购纽海 1 号店依法申报并获附条件批准外，我国至今尚未正式受理互联网领域经营者集中的案件。郭传凯. 互联网平台企业合并反垄断规制研究——以"滴滴""优步中国"合并案为例证 [J]. 经济法论丛, 2018（01）：408–442.

者集中的惩罚力度不够，并购交易方或者以未达到申报标准为由拒绝申报，或者宁可承担违法成本较低的未依法申报法律责任，也不愿主动进行申报。一些具有社会极大影响力的若干年前的数据集中案件，时至今日仍然没有得到竞争执法机构的有力回应。然而，随着 2021 年 10 月《反垄断法（修正草案）》的公布，这种局面将会得到改变。《反垄断法（修正草案）》新增第十条中规定，经营者不得滥用数据和算法、技术、资本优势以及平台规则等排除、限制竞争。这意味着相关数据聚集行为将不再是法外之地，新增第十条将成为竞争执法机构针对数据垄断行为的规制依据。此外，新增第三十七条依法加强民生、金融、科技、媒体等数据相关领域经营者集中审查的规定和对原法第四十八条提高集中当事人违法成本的规定指明了竞争执法机构应关注的重点执法领域，增强了其执法震慑力。而且随着理论界涉及数据聚集的经营者集中可能产生的单边效应、协调效应，以及数据聚集对隐私保护的潜在影响等问题研究的深入开展，将为竞争执法机构提供更多有效的执法工具支持，数据相关集中规制的现状终将得以改善。

笔者通过对前期文献梳理和国内外案例研究认为，由于数据经济权力存在有别于传统经济权力的特征，给包括事前申报制度、相关市场界定、竞争审查分析和救济制度在内的经营者集中反垄断法规制体系带来了适用性挑战。

3.3.1 数据造成相关市场界定的困难

相关市场界定给竞争划定了范围，使得与市场结构性相关的经营者集中规制的分析方法得以施展，例如，市场集中度的确认等。近年来有主张放弃相关市场界定的声音，主要原因在于数字经济的发展促使数据经济权力的市场传导性逐渐增强，经营者在非相关市场上获得的数据优势可直接地转化成为相关市场上的竞争力。数据优势还不同于潜在竞争，潜在竞争进入相关市场周期相对较长，而经营者依靠数据优势可迅速整合资源成为非相关市场的主宰。放弃相关市场界定的声音代表着人们对数据经济权力的担忧，担心现有的传统相关市场界定理论及方法无法抵御来自非相关市场上的数据垄断行为的冲击。因此，需要重新审视传统相关市场界定方法在数字经济下的适用性问题。笔者认为，相关市场界定首先需要解决相关市场的时间维度问题。①处于不同生命周期的产品及服务应当在相关市场界定时区别对待，这样才有利于多元反垄断执法目标的实现。预防和制止垄断行为、保护公平竞争、提高效率、维护消费者利益和社会公共利益、促进社会主义市场经济健康发展是我国《反垄断法》的立法目标，2021 年 10 月发布的《反垄断法（修正草案）》又将鼓励创新设定为反垄断立法目标。笔者认为，只有将处于不同生命周期的产品实施差异化的相关市场界定，才能保证上述立法目标的实现。②相关时间市场界定对数据产品的意义问题。数据的时效性较强，即时数据比历史数据更具价值，对数据产品的相关市场界定应充分考虑其时效性和技术依赖性特征。另外，对 SSNIP 方法的数字经济下的适应性改造问题也值得关注。在传统经济下，以价格为核心的 SSNIP 方法在相关市场界定中发挥了重要作用。在数字经济下，免费商业模式的创新发展影响了 SSNIP 方法的效力，因此 SSNIP 方法的适应性改造显得尤为必要。

3.3.2　市场结构申报标准面临数字经济的挑战

申报制度体现了经营者集中的事前规制特征，申报制度核心是申报标准的设定问题。目前，各国采用的主流申报标准是市场结构标准，它具有直观、指向性强、可预见性强等优点。在数字经济下，大量的数据驱动型经营者集中事例表明，仅仅依靠市场结构申报标准会产生"漏网之鱼"，即竞争执法机构无法通过市场结构标准有效识别数据驱动型经营者集中规制的全部对象。交易额标准能够在一定程度上弥补市场结构标准的不足，但仍存在完善空间。

3.3.3　数据相关竞争因素审查机制的缺位

竞争审查是经营者集中规制关键的一环。竞争审查主要是评估竞争影响因素对市场进入、单边效应、协调效应和封锁效应的影响，这一源自传统经济下的分析框架在数字经济下仍然有效，数据驱动型经营者集中审查需要解决的是竞争影响因素的选择问题。笔者认为，在数字经济下，数据驱动型网络效应和以个人信息保护为代表的质量因素是较为重要的竞争影响因素，如何将二者植入到现有的竞争审查分析框架值得思考。

3.3.4 结构性救济对数据资产的失灵

在传统经济下，竞争执法机构偏爱结构性救济措施。在数字经济下，无形的数据资产，如数据资源和算法，使结构性救济无法完全适用数据驱动型经营者集中的救济要求。对于具有灵活、开放、适度、设计简单、效果直接等优点，而又同时具有难实施、难监管、成本高等缺点的行为性救济措施能否弥补结构性救济的不足，值得深入探讨。

第 4 章　数据驱动型经营者
集中的相关市场界定

4.1　相关市场的界定及其面临的难题

　　相关市场是与具体案件有关系的市场，或者具体案件中的竞争或者限制竞争所影响的范围。在传统经济下，相关市场界定是进行反垄断审查的前提和基础。相关市场界定出现偏差会对后续的竞争审查分析产生不利影响。如果相关市场界定过大，在此基础上计算出的经营者所占有的市场份额将会偏小，经营者的市场竞争力量将被低估，导致竞争执法机构假阴性的判断结果，做出有利于经营者的不公平的竞争审查结论；反之，如果相关市场界定过小，经营者占有的市场份额将会偏大，经营者的市场竞争力量将被高估，导致竞争执法机构得出假阳性的判断结果，做出不利于经营者的不公平的竞争审查结论。因此，准确界定相关市场对于传统型经营者集中的反垄断法规制具有重要意义。

　　我国已经进入传统经济与数字经济的交替时代，产业数字化促进数字经济的运行机制渗入到社会生活和经济生活的方方面面，经营者对数字市场竞争逐渐有了较为深刻的理解，已经认识到在买方市场中认知和掌控消费者需求数据比其他竞争要素更具价值：一方面，经营者可以凭借精确的消费者个性数据创造无限商机；另一方面，经营者可以将其在某一相关市场上的竞争优势传导到其他相关市场上而获得该市场上的竞争优势。按照传统的需求替代和供给替代方法界定相关市场可能过于狭窄，以此为基础展开的后续竞争审查分析会得出不利于现有市场经营者的结论。

4.1.1　相关市场的三维界定

根据我国《反垄断法》对相关市场的定义,[①]可以看出其具有三个维度：①产品或服务维度，即所有经营者提供的具有竞争关系的产品或服务范围的总和；②地理维度，即存在竞争关系的产品或服务所处的地域范围；③时间维度，即相关市场竞争通常发生在一定的时间范围以内。换言之，相关市场界定的主要目的是确定竞争的范围，经营者之间的竞争从上述三个维度展开，故而产生了相关产品市场、相关地域市场和相关时间市场的界定问题。

相关产品市场是指具有替代关系产品的范围。在传统经济下，由于市场上存在供给和需求两方主体，因此市场竞争存在两种情形，即供给者为满足需求者的特定需求展开的竞争（卖方市场竞争）和需求者就供给者的特定供给能力展开的竞争（买方市场竞争）。卖方市场竞争和买方市场竞争呈现交替主导态势，稀缺性是其主导因素，主要体现在供给稀缺和需求稀缺。一个给消费者带来超额价值的新产品或服务以及新商业模式的出现，会受到其追捧，供给稀缺出现。随着跟进的供给者大量出现，市场需求趋向饱和，需求稀缺出现。数据驱动型经营者集中的主要目的是为了获取数据，借助数据寻求产品或服务以及商业模式创新的机会，并努力维持自己的产品或服务处于无法替代的竞争地位。随着数字经济的发展，免费商业模式逐渐走入反垄断法规制的视野，所谓免费商业模式不是真正的免费，是经营者为了争夺数据、消费者注意力等一系列在数字经济下的特殊竞争要素，为消费者提供的无须直接支付对价的产品或服务，无须直接支付并不代表着不支付，消费者的关注、个人信息都是有价值的，都是经营者产品或服务的对价。因为缺少价格比较，所以在免费商业模式中无法直接利用价格进行相关产品市场的界定，在传统相关市场界定的方法，如 SSNIP 方法（小幅、显著、非暂时的价格上升测试法），无法直接运用于数据驱动型经营者集中相关市场界定之中。理论界虽然对其改造进行了探讨，但无论是 SSNDC 方法（小幅、显著、非暂时的成本下降测试法），还是 SSNDQ 方法（小幅、显著、非暂时的质量下降测试法）都存在不足，难当大任。

[①] 我国《反垄断法》第 12 条第 2 款规定：本法所称相关市场,是指经营者在一定时期内就特定商品或者服务（以下统称商品）进行竞争的商品范围和地域范围。

数据驱动型经营者集中与反垄断法规制

相关地域市场的界定受到运输成本与产品价格比例关系、产品的特性、政府管制和消费者的流动性等方面的影响。[①]数据的传输主要依靠通信网络完成,运输成本几乎为零,按照传统经济下的地域市场判定标准来看,数据产品几乎不存在地域限制,故没有必要界定相关地域市场。但现实并非如此,由于存在政府的网络管制、市场准入制度和经营者地域营销策略的制约,消费者在选择产品或服务时,同样受到地域的限制,需要对相关地域市场进行界定。如果排除人为限制,数据驱动型经营者集中的市场范围大多可以界定为全球市场。

相关时间市场是指产品或服务所能展开竞争的时间范围,强调市场的时间属性,而非市场主体在相关产品或地域市场参与时间的长短。[②]在传统经济下,由于受到总投资大小、经营者信誉度高低、商业网络完备程度等因素的影响,[③]集中后的经营者获得市场竞争优势往往需要较长时间,市场也能够在较长时间内保持稳定而无须单独进行界定分析,可以融入相关产品市场的界定之中,但在预测潜在竞争的未来发展趋势、特定时期内的或与流行商品等有关的竞争行为相联系的市场时,时间市场的确定就显得举足轻重了。[④]在数字经济下面向未来的决策中,近期数据比远期数据更具价值,这说明数据的价值具有较强的时间依赖性,在这一点上与时效性较强的流行产品极为相似,产品生命周期和产品交易市场的存续时间都很短暂。尽管该类市场的时间属性非常明显,但同样可能发生垄断行为。长期以来相关时间市场未受反垄断法规制重点关注的原因在于,在传统市场上竞争势力形成时间较长,一般要超过相关时间市场的存续时间,这就意味着经营者还未形成市场竞争力,相关时间市场就已经消失了,因此市场存在垄断行为的可能性很小。但在数字经济下,随着数字技术的发展,经营者获得市场势力的时间不断缩短,依托数据优势可在瞬间形成市场势力,为防止在存续时间较短的相关时间市场产生反竞争效果,应将其视为一个独立的相关市场予以反垄断关注。

---

① 时建中. 反垄断法: 法典释评与学理探源 [M]. 北京: 中国人民大学出版社, 2008: 137.

② 刘旭. 反垄断草案及送审稿第四条评注(下)——相关市场的定义问题 [EB/OL]. http://kartellrecht. fyfa. on/b/233402, 2021-12-1.

③ 孔祥俊. 反垄断法原理 [M]. 北京: 中国法制出版社, 2001: 296.

④ 王为农. 企业集中规制基本法理: 美国,日本及欧盟的反垄断法比较研究 [M]. 北京: 法律出版社, 2001: 68.

4.1.2　数字经济下相关市场界定的难题

相关市场界定一直被视为传统经营者集中规制的起点，它是后续市场结构、协调效应和单边效应等一系列竞争审查分析的基础。在 2010 年美国司法部和联邦贸易委员会联合发布的《横向并购指南》中，对 1992 年指南进行了重大修改。放弃了严格意义上的从相关市场界定、竞争审查分析到集中救济的规制程序安排，只将它们分别看作独立的竞争分析工具，这样的制度安排一方面提升了合并规制的灵活性，另一方面也弱化了相关市场界定在经营者集中竞争审查中的作用，将其由原来的核心环节降为一种可选的规制分析工具。在我国《平台反垄断指南》征求意见稿中，也曾拟效仿美国 2010 年《横向并购指南》，在特定个案中可以不界定相关市场，直接认定平台经济领域经营者实施的垄断行为。笔者认为之所以在征求意见稿中有这样的文字表述，究其原因很多，其中一个不容忽视的理由是应对数字经济挑战的需要。数据经济权力具有较强的市场传导性，它能够轻松突破传统相关市场的边界，经营者利用数据优势，即使在某一不相关市场占有率为零的情况下，仍然可以迅速获得竞争优势。故越过相关市场界定环节，直接认定经营者垄断行为存在一定的可行性和合理性。虽然《平台反垄断指南》正式版删除了上述文字表述，规定开展经营者集中反垄断审查时通常需要界定相关市场，相关市场界定在数据驱动型经营者集中规制中地位及作用仍值得深入探讨。

长期以来，替代性分析是相关市场界定的基本方法。在《平台反垄断指南》中也对此表示了认同，在其第四条中规定平台经济领域相关商品市场和相关地域市场界定应采用替代性分析方法。但笔者认为，在数字经济下普遍存在的免费商业模式和非价格竞争现象使得替代性分析等传统的相关市场界定方法在数据驱动型经营者集中规制中不再具有完全的适用性。以传统方法界定的相关市场作为后续竞争分析的基础，势必造成严重偏差，故应考虑对其进行必要的改造，以应对数字经济下经营者集中规制的要求。目前各国竞争执法机构运用最广、最为成熟的相关市场界定方法是假设垄断者测试法，它是以价格为基础的相关市场界定方法。为了应对数字经济下数据经济权力垄断的新特点，可以考虑将数据纳入相关市场界定要素之中，这将有利于继续发挥假设垄断者测试方法在相关市场界定中作用。

4.2 时间维度的相关市场界定

4.2.1 基于产品生命周期理论的相关市场界定

4.2.1.1 产品生命周期理论

产品生命周期理论是由美国哈佛大学教授 Vernon 于 1966 年首次提出,[1] 是指产品试制成功并投入市场开始,直到被市场淘汰,经营者停止生产该产品为止的全部持续时间。[2] 根据产品技术和市场的成熟水平,可以划分为下列四个发展阶段,分别是孕育阶段、发展阶段、成熟阶段和衰退阶段:①孕育阶段。产品处于发展初期,销售额增长缓慢,经营者支付巨额的研发、推广等市场导入费用,利润几乎为零。②发展阶段。在该阶段,产品技术在不断完善,新产品逐渐为市场所接纳而使需求激增,销售量迅速增长,利润显著上升,竞争者随之出现。③成熟阶段。在该阶段,产品技术已经成熟,市场出现产品饱和、销售减慢和市场竞争加剧等现象,经营者为了维持市场竞争地位,增加产品研发和营销等方面的投入,利润水平稳中有降。④衰退阶段。在该阶段,产品技术逐渐落后,竞争的白热化使产品利润水平进一步下降,甚至出现亏损。许多经营者开始撤出或倒闭,产品的产量和销量出现同时下降。如果此时又有新的替代产品出现(例如 MP3 行业替代 CD 行业),产品生命周期便告结束。

数据相关产品生命周期具有非连续性和剧烈波动性特征:①非连续性。并非所有产品特别是数据相关产品都要经过以上四个生命周期阶段,处于孕育阶段或发展阶段的产品可能进入生命周期的下一个阶段——成熟阶段,也可能由于技术迅速迭代等原因在进入成熟阶段之前就被新产品取代而消亡。在数字经济下,由于数字经济具有破坏性创新和赢家通吃特征,使数据产品生命周期具有明显的非连续性。②剧烈波动性。产品的行业属性不同,生命周期轨迹也有所不同。例如,农产品与高科技产品相比,农产品的生命周期曲线趋于平缓、稳定;而高科

---

① Vernon, R. International Investment and International Trade in the Product Cycle The Quarterly[J]. Journal of Economics, 1966, 80(2):190–207.

② 王毅. 产品生命周期阶段的判断方法 [J]. 管理现代化,1992(01):19–20+14.

技产品的生命曲线呈现骤升骤降的剧烈波动形态。在数字经济下，由于数据的可替代性和时间实效性等特征使其有别于传统产品，生命周期呈现剧烈波动的形态。

4.2.1.2　产品生命周期对经营者集中规制的意义

产品生命周期自然地将相关产品市场划分开来，针对不同产品生命周期阶段的相关产品，市场应采取差别化的经营者集中规制策略，其意义在于：①有利于公平、效率和公共利益的经营者集中规制目标分阶段实现。2021 年 10 月发布的《反垄断法（修正草案）》将鼓励创新写入其第一条之中，标志着鼓励创新将成为我国反垄断法的立法目的之一，而产品生命周期恰恰体现了鼓励创新的反垄断立法目的。在相关产品市场的孕育阶段和发展阶段应注重效率目标，处于这两个阶段产品尚未成熟，应以鼓励创新和提高效率为经营者集中之执法目的，竞争执法机构应减少对集中行为的干预，赋予其更大的自由发展空间，促进社会总福利增长；在成熟阶段市场上可注重公平目标，在此阶段，经营者实力在不断发展壮大，其承受的市场竞争压力也在持续增强，通过反竞争行为应对竞争压力的意愿也在不断增强，该阶段是竞争执法机构关注的重点；在衰退阶段市场可注重公共利益目标，对于身处衰退阶段的行业，竞争执法机构应以公共利益为出发点，适度放宽规制尺度。我国的经营者集中制度考虑了衰退阶段的竞争规制问题，[①]但对处于孕育、发展和成熟行业阶段的经营者集中规制并未做出差别化规定，应引起反垄断立法的关注。②对经营者集中竞争审查的意义。对于身处不同产品生命周期的相关产品市场可选择差别化的竞争分析手段，在鼓励创新的同时节约竞争执法资源，将有限的竞争执法资源集中于成熟阶段市场的集中行为。

4.2.1.3　不同生命周期阶段相关市场界定的思路

笔者认为，基于产品生命周期的经营者集中主要有三种情形：①集中当事人的产品同属成熟阶段。该种情形属一般意义上的横向集中行为，按照现有的经营

[①] 我国《经营者集中审查暂行规定》第三十条中规定：评估经营者集中的竞争影响,还可以综合考虑集中对公共利益的影响、参与集中的经营者是否为濒临破产的企业等因素。

者集中规制框架进行正常的相关市场界定即可；②集中当事人的产品同属孕育阶段或发展阶段。该种情形也属于横向集中行为，与第一种情形不同之处在于，该种集中行为能够促进技术创新，竞争执法机构应出于效率的考虑，采取宽容审慎的态度选择相关市场界定的替代性分析因素；③集中当事人的产品分属孕育或发展阶段和成熟阶段。该种情形属跨阶段集中行为，在通常情况下，分属于不同产品生命周期阶段的产品存在着技术代际差异，在同一时间节点上，处于孕育或发展阶段的产品技术比处于成熟阶段的产品技术更具创新性。因此，视个案特征，可以按照第 2 种情形界定相关市场，也可按照第 1 种情形界定相关市场。

4.2.2 相关市场界定中的时间市场

关于界定相关市场的时间性考量，我国《相关市场界定的指南》做出了相关规定。对于具有时效性特征的产品，在界定相关产品市场时要考虑时间因素，是相关时间市场界定的另一种表达方式。时效性特征产品主要是指季节性较强的产品，例如圣诞礼物、新鲜水果等，或受技术进步影响较大的产品，例如受知识产权保护的产品，在知识产权有效期内和知识产权保护期满后区分为不同时间市场。数据产品是其需求者进行经营决策的重要依据，并且经营决策对数据的时效性要求很高，与历史数据相比，即时数据对于经营决策的价值更大。即时数据的采集、分析和处理需要更广泛的数据源和更强大的算力、算法的技术支持，因此可知数据产品是一种受技术进步影响较大的产品，在分析数据相关反垄断问题时应充分考虑其时效性和技术依赖性特征。数据产品的时效性体现在其对时间的依赖程度较高，即数据产品的"新鲜度"是其价值的体现。在这一点上数据产品与季节性产品十分相似。数据产品的技术依赖性体现在技术的迭代对其价值的影响较大，而数字经济的数字产业化和产业数字化进程促使技术迭代不断增速。基于数据产品上述特点的普遍存在，笔者认为，在数字经济下将相关时间市场从相关产品市场界定中独立出来，不把它仅仅视为相关产品市场的时间因素，对其实施单独界定显得尤为必要。

依据产品生命周期理论，任何产品都需经历从推出到消亡的过程，相关产品市场同样具有时间属性，只是其生命周期大于或等于相关时间市场的生命周期，相关时间市场可以被理解为相关产品市场的一个时间"切片"。因此，笔者认为，可通过以下思路对其进行界定，即在确定相关产品市场的基础上增加一个时间区间的限定，这一时间限定可以是知识产权的保护期，也可以是数据产品的价值时效期。由于相关时间市场是在相关产品市场上增加了时间约束条件，相关市场变得更加狭小，因此在相关时间市场上设定垄断行为确认标准时应比相关产品市场和相关地域市场上的标准要严格一些。综上，相关时间市场的界定在数据驱动型经营者集中反垄断中具有一定的理论价值，而其实践价值还要在未来的竞争执法案例中去进一步挖掘。

4.3　相关市场界定中的假定垄断者测试

SSNIP 方法是世界各国竞争执法机构普遍采用的相关市场界定方法。它以价格作为相关市场界定的核心要素，在确定相关市场初始状态的基础上，假设价格发生小幅、显著且非暂时变化的情况下，测试价格变化对市场上其他产品的影响程度，并以此来确定它们是否同属一个市场。假定垄断者测试是以某种能够体现经营者之间竞争差异的因素为核心的相关市场界定问题的分析框架，SSNIP 是一种以价格为竞争核心的相关市场界定方法，在反垄断的理论与实践中还有以成本为核心的 SSNDC 方法（小幅、显著且非暂时性成本下降）、以质量为核心的 SSNDQ 方法（小幅、显著且非暂时性质量下降）等。假定垄断者测试是 SSNIP、SSNDC、SSNDQ 等方法的上位概念，SSNIP、SSNDC 和 SSNDQ 只是假定垄断者测试的一种特定表现形式，能够代表经营者之间竞争实力差别的产品种类、服务、风险和创新等因素都可以运用于假定垄断者测试之中。

4.3.1　数字经济对 SSNIP 方法的挑战

4.3.1.1　SSNIP 方法的法律发展

20 世纪 40 年代末，美国法院最早将相关市场界定作为经营者集中案件的分析工具，到 20 世纪 50 年代末和 20 世纪 60 年代初，相关产品市场和相关地域市

数据驱动型经营者集中与反垄断法规制

场的界定才成为美国经营者集中竞争分析的核心，经营者集中的司法实践逐渐形成了根据《克莱顿法》第7条的横向经营者集中竞争分析的传统理论。一般认为相关市场界定是适用第7条的一个门槛条件，通常仅在界定相关市场之后才能做出推定和确立举证责任。为了确定某个行业的集中程度，并确定在该集中度下发生协调行为或单边行为的可能性，竞争执法机构必须对市场和市场份额进行界定。① 《克莱顿法》第7条没有解释如何界定相关市场，而是留给法院决定。从布朗鞋案开始，美国最高法院建立了一种以产品替代性或者需求交叉弹性为出发点的相关市场分析框架，② 而后为大多数法院所采用。产品替代性侧重于从买方视角考查产品之间在使用和特性上的相似性，如果法院认定产品可以合理地相互替代，则可以认为这些产品来自同一市场，无论其是否超越了传统的行业划分。③ 反之，则可认定来自不同市场。在美国的司法实践中，法院总结出若干相关产品市场界定的影响因素，如会考虑产品间的价格差异和价格变动、质量差异、不同客户群的存在、卖方的营销及独立定价能力、供应渠道的影响、经销渠道的影响、产品类别及用途的影响、技术水平或生产设备的影响、公众认知度以及产品的市场属性（例如是属于名牌、自有品牌或者一般消费品市场）等因素。在此基础上，美国司法部和联邦贸易委员会联合发布的《横向合并指南》中提供了一种分析框架，它不仅仅依靠需求交叉弹性或合理替代性来界定相关市场，而是利用假定垄断者来将交叉弹性和可替代性的证据置于一个更为确定的环境中，即 SSNIP 方法。此后，欧盟和日本在其执法实践中也开始运用 SSNIP 方法进行需求替代和供给替代分析来界定相关产品市场和相关地域市场。④ 与美国和日本有所不同的是，欧盟在其《相关市场界定的通知》中指出，在界定相关市场时一般不考虑供给替代，尽管供给替代构成潜在竞争分析中的一部分。仅在很特殊的情况下，供给替代在效果和即时性方面被认为具有和需求替代相似的作用时，欧委会才会在

---

① F.T.C v. Procter & Gamble Co., 386 U.S. 568 (1967):https://supreme.justia.com/cases/federal/us/386/568/#tab–opinion–1946565,2021–12–01.

② Brown Shoe Co., Inc. v. United States, 370 U.S. 294 , 325 (1962).

③ United States v. Continental Can Co., 378 U.S. 441,453–57 (1964).

④ Japan Fair Trade Commission. Guidelines to Application of the Anti–Monopoly Act Concerning Review of Business Combination[J]. revised in, 2019:12.

界定市场时考虑供给替代。我国同样重视 SSNIP 方法，并在《国务院反垄断委员会关于相关市场界定的指南》第八条中列举了相关市场界定时需要考虑的主要因素。2021 年 2 月国务院反垄断委员会发布了《平台反垄断指南》，在其第四条中结合平台经济特点对《相关市场界定的指南》进行了细化规定，丰富了相关市场界定的分析因素，在相关地域市场替代分析时可根据个案和平台特点综合评估用户使用平台的地点、用户习惯、法律规定等因素。

4.3.1.2　传统经济下 SSNIP 方法的优势

SSNIP 方法的理论基础源自需求替代性分析理论和临界损失分析理论。需求替代性分析是通过测试消费者是否以及多大程度会转向一个特定产品的替代品，从而确定相关市场的范围。它从产品的功能出发，定性分析不同产品是否能够满足消费者的同一种需求。[1]SSNIP 方法是通过价格弹性取代产品功能替代性进行的定量分析，它解决了需求替代分析中功能无法识别、主观随意等问题。SSNIP 测试将一种产品（服务）的价格变化"转化"为另一种产品（服务）的销量变化，根据销量变化的水平判断两种产品（服务）的需求替代程度进而判断二者是否同属一个相关市场。由 Harris 和 Simons 于 1989 年提出的临界损失分析法调整了这一思路，[2]由价格对销量的影响分析变为价格对利润的影响分析。利润等于价格与销量的乘积，在销量一定的条件下价格的上涨能够带来利润的提升，然而销量并非总是一定的，会随着价格的上涨而下降。临界损失分析是在"权衡"价格的上涨和销量的下降之间寻找最大利润空间的过程，它使 SSNIP 测试更具可操作性。[3]欧盟和美国竞争执法机构基于新古典主义经济思想和单边效应理论，将经营者集中竞争评估的重点放在价格要素上。因此，SSNIP 方法在传统经济下被认为是相对最为科学的相关市场界定方法。[4]

---

① 王健，安政. 数字经济下 SSNIP 测试法的革新 [J]. 经济法论丛，2018（02）：331-369.

② Harris, B. C.& Joseph, J. S. Focusing Market Definition: How Much Substitution is Necessary?[J] Research in L & Econ, 1989,12: 207.

③ Kokkoris, I.& Shelanski, H. EU Merger Control: A Legal and Economic Analysis[J]. OUP Catalogue, 2014:202.

④ 李青，韩伟. 反垄断执法中相关市场界定的若干基础性问题 [J]. 价格理论与实践，2013（07）：7-10.

4.3.1.3 数字经济下 SSNIP 方法面临的问题

但是，以价格为核心要素的测试方法遭遇数字经济的挑战：①"免费"带来的困境。数据的价值被市场重新定义之后，免费商业模式随之产生。用户不必支付货币形式的对价，即可享受经营者提供的产品或服务，因为与产品或服务的对价相比，经营者更加看重的是数据的价值。个人数据可以精准定位消费者需求，帮助经营者打开任意市场的大门并有机会在短时间内获得市场优势竞争地位。以价格为中心的 SSNIP 方法在免费商业模式下陷入困境，由于产品或服务的基础价格为零，通过 5%~10% 的价格上涨之后依然为零，无法产生价格变化"信号"以刺激销量或利润发生相应变化，导致 SSNIP 的内在机制失灵；②初始价格无法选择。数据相关产品具有生产成本高，复制成本低的特点，伴随产品市场规模的扩大，边际成本无限趋近于零，即数字经济的高固定成本低边际成本特征。它是一个价格随时间变化的动态过程，不同产品在不同的环境下边际成本"归零"的速度各不相同，选择哪一时间节点上的价格作为初始价格对于相关市场界定的最终结果影响很大；③产品之间的需求替代性减弱。由于数据网络效应和锁定效应的存在，消费者更加关注产品未来发展潜力，忽视产品之间价格和功能的比较，导致产品之间的需求替代性减弱，以需求替代分析为基础的 SSNIP 测试法无法发挥作用。[①]

4.3.2 SSNDQ 方法对 SSNIP 方法的改造

鉴于 SSNIP 方法在数据驱动型经济中相关市场界定中的不足，各国竞争执法机构在认定"竞争政策需要解决的核心问题是竞争对价格的影响"的同时，没有在竞争执法中排斥非价格因素的影响，并认为诸如以产品质量、品种、服务、系统性风险或创新（动态效率）等非价格因素为核心的竞争日益重要，在非价格参数中，质量和创新是根本性的竞争方面。质量驱动创新和经济增长，质量下降可视为与价格上涨一样对消费者有害，如果考虑到健康和安全因素，可能更加有

---

① 邹开亮，刘佳明. 大数据产业相关市场界定的困境与出路 [J]. 重庆邮电大学学报（社会科学版），2018，30（05）：34–39+100.

害。因此，维持和改进质量是竞争政策追求的重要目标。[1]质量是一个多维度的相对概念，它整合了一些显著的主观性要素，因为某些质量方面仅对某些消费者具有价值，或者对某些消费者具有更大的价值。[2]根据我国 GB/T 19000-2016《质量管理体系基础和术语》标准，质量的特性主要体现在物理、感官、行为、时间、人因功效等六个方面，与之对应的质量特征可归纳为安全性、耐用性、可靠性、适应性、经济性等。个人信息安全是质量竞争的一个主要参数，[3]是安全性特征下的一个较为重要的子特征，有经营者已经将其作为区别于竞争对手的商业卖点，如 DuckDuckGo 在其隐私政策中声明："DuckDuckGo 不收集或分享个人信息。这是我们隐私政策的精髓。"[4]

　　SSNDQ 测试法是以质量为核心要素的一种假定垄断者测试方法，是一种通过对产品质量的小幅、显著且非暂时性的下降逐步界定相关市场边界的方法。将其运用于数据驱动型经营者集中相关市场界定的基本思路是：假定垄断者的一个产品（服务）初始数据质量发生小幅（5%~10%）、显著且非暂时性的数据质量下降时，消费者对数据质量的变化做出反应，他们转而使用其他经营者的产品（服务），促使其他经营者销量增加。如果假定垄断者不能从数据质量下降中获得盈利，那么可以断定这两个产品（服务）集合属于同一产品市场。随着在测试过程中产品集合越来越大，集合内产品与集合外产品的替代性越来越小，最终会出现某一产品集合，在其中假定垄断者可以通过降低数据质量实现盈利，由此界定出相关产品市场。SSNDQ 方法在一定程度上弥补了 SSNIP 方法在数据驱动型经济下相关市场界定中的不足，在一定程度上解决了数字经济下价格弹性为零问题。

　　但由于缺少对质量因素量化的工具，竞争执法机构在承认它重要的同时并不

---

① Organisation for Economic Co-operation and Development (OECD), The Role and Measurement of Quality in Competition Analysis[R].2013:5.

② Organisation for Economic Co-operation and Development (OECD), The Role and Measurement of Quality in Competition Analysis[R].2013:6.

③ Federal Trade Commission(FTC), 'Statement of the Federal Trade Commission Concerning Google/ DoubleClick', FTC File No 071 - 0170, Cited in Julie Brill,'Commissioner Weaving a Tapestry to Protect Privacy and Competition in the Age of Big Data'. Speech, European Data Protection Supervisor's Workshop on Privacy, Consumer Protection and Competition in the Digital Age, Brussels. 2 June 2014.

④ https ://duckduckgo. corn/ privacy,2021-12-01.

数据驱动型经营者集中与反垄断法规制

完全依赖质量因素对经营者集中进行评估。正如 OECD 认为的那样：包括个人信息保护在内的某些质量属性"具有主观性、无法观察且取决于消费者的看法，因此质量具有的多面性和模糊性使得为这一概念提供准确的定义变得更加困难"。[1] OECD 的上述论断在某些案例中作为抗辩的理由，在 Facebook 和 WhatsApp 合并案中，两家公司向用户提供不同类型的个人信息保护。Facebook 免费提供短信应用服务，但通过收集数据对消费者画像并定向投放行为广告。与 Facebook 的商业模式不同，WhatsApp 并不销售广告，也不收集用户数据。WhatsApp 仅向用户收取一小笔短信服务费。Facebook 认为虽然集中将减少 Whatsapp 提供的个人信息保护，但消费者能免费使用 WhatsApp，这是消费者福利提升的表现。因为个人信息具有主观性和不可量化性。所以只需专注考量价格以及那些可测度、客观且得到一致接受的质量指标（例如速度、存储容量等）就可以了。[2] 这样的观点显然与美国并购指南相违背，该指南认为，在产品价格下降的同时，经营者要保持产品质量不能下降和消费者选择产品的范围不能缩小，否则将削弱效率抗辩效果。[3] 所以，在本案中竞争执法机构认为价格和可量化的质量标准不是仅有的考查因素，因为这将忽视重要的竞争参数。[4]

质量因素可量化的基础是识别其所包含的重要指标。按照质量指标的认同程度，可分为纵向和横向质量指标：在消费者之间具有共识价值的质量指标称为纵向质量指标；在消费者中存在价值分歧的指标称为横向质量指标。[5] SSNDQ 方法首先要识别质量因素的主要指标并按照其重要性进行排序，这是质量因素可量化的难点问题，因为质量指标的选择和比较具有复杂性和主观性，除个别产业存在普遍接受的纵向质量指标外（如医疗产业），其范围往往很难达成一致。目前人们关注的数据质量指标主要集中在体现数据价值的真实性、时效性、实时性和

---

[1] Organisation for Economic Co-operation and Development (OECD), The Role and Measurement of Quality in Competition Analysis[R].2013:6.

[2] Facebook/WhatsApp(Case Comp/ M. 7217),Commission Decision C(2014) 7239 final,3 October 2014, para 87.

[3] US Department of Justice (DOJ) and Federal Trade Commission(FTC), Horizontal Merger Guidelines,19 August 2010, s 10

[4] Facebook/WhatsApp(Case Comp/ M. 7217),Commission Decision C(2014) 7239 final,3 October 2014, para 174.

[5] Ezrachi, A.& Stucke, M. E. The Curious Case of Competition and Quality[J]. Journal of Antitrust Enforcement, 2015, 3(2): 227–257.

数据集中度等指标，体现消费者"数据自由"的数据可转移程度指标，体现隐私安全的个人信息保护水平指标上，关于数据质量的范围和重要性序列尚未达成共识。SSNDQ 方法的另一个难点是如何识别小幅、显著且非暂时性的质量下降问题。例如日常家庭用品的质量下降对于许多消费者而言都是难以察觉，[1]数据质量的下降更加难以发现。以数据质量的个人信息保护指标为例，隐私政策是消费者了解数据质量下降与否的重要资料，而竞争执法机构在 Facebook/WhatsApp 案中发现，消费者不会花费几周时间阅读其所使用的各类在线产品的隐私政策，即使能够通读，消费者要从经营者隐私政策使用的各种术语中发现数据质量的变化依然很难。此外，由于现状偏见（Status Quobias）的存在，即使消费者认识到数据质量下降也未必转向其他经营者。[2] Google 为了成为 Safari 浏览器的默认搜索引擎分别于 2013 年和 2014 年各支付 10 亿美元；雅虎成为 Firefox 浏览器的默认搜索引擎后市场份额从 2014 年 11 月的 8.6% 增长至 2015 年 1 月的 10.9%。[3]这些交易从另一角度证明了现状偏见是真实存在的，也证明了 SSNDQ 方法存在失灵的可能性。

4.3.3　多因素综合测试的改造方向

假定垄断者测试应转向多因素综合测试模式，根据具体案例涉及的行业特点确定相关市场界定的主要因素及每种因素的影响程度，对价格、成本和非价格因素做加权平均处理。因此，笔者大胆提出 SSNEF 方法（Small but significant and non-transitory effect on Muti-Factors），即假定垄断者的一个产品（服务）初始的市场界定综合因素发生小幅、显著且非暂时性增强变化（5%~10%）将会导致其

---

① Ezrachi, A.& Stucke, M. E. The Curious Case of Competition and Quality[J]. Journal of Antitrust Enforcement, 2015, 3(2): 227–257.

② Sterling, G. As Apple–Google Deal Expires, Who Will Win the Safari Default Search Business?[EB/OL], http://searchengineland.com/apple-google-deal-expires-will-win-safari-default-search-business-214277,2021-12-01.

③ Sterling,G. Firefox Deal Continues 10 Boost Yahoo as US Search Share Grows Again in January[EB/OL], http://searchengineland.com/firefox-dealcontinues-boost-yahoo-us-search-share-grows-january-213998,2021-12-01.

数据驱动型经营者集中与反垄断法规制

他经营者的一个产品（服务）销量的增加，如果假定垄断者不能从中获利，那么可以断定这两个产品（服务）集合属于同一产品市场。在具体操作时，一方面要对非价格因素做量化处理，另一方面将所有影响因素做相关一致性处理，保证影响因素与销量之间保持同向相关。[①]此外，在运用 SSNEF 方法还应将产品生命周期列为重要的非价格因素。数字经济催生新业态和新行业的产生，它们带给消费者更大的产品或服务选择的空间，促进消费者福利增长。在新兴行业中由于市场初创故成熟度低，为了培育市场健康成长，需要产业政策和竞争政策的扶持，这样有利于生产者福利的增长进而推动社会总福利增长。如上所述，数据产品的时效性使相关时间市场界定更具意义，而数据产品的可替代性又增加了相关时间市场界定的难度。与其他时效性产品相比，由于不同来源的数据通过不同的数据处理算法可以得到质量相同的数据产品，因此，数据产品的可替代性体现在原料来源可替代性、数据处理算法的可替代性和数据产品质量的可替代性。在运用 SSNEF 方法时可以将可替代性作为非价格因素并入市场界定综合因素，预测其小幅、显著变化对其他经营者的销量或利润的影响。另外，由于相关时间市场持续时间短，原则上可以弱化非临时性（non-transitory）要件进行考量。

国务院反垄断委员会最新发布的《平台反垄断指南》提出了适用平台经济的多因素相关市场界定思路，但如果没有具化的实施细则和相关量化技术的支持，对上述因素进行量化和数据化处理并进行有效监控，将弱化《平台反垄断指南》的可操作性。

---

① 例如，将成本、非价格质量等与销量负相关的因素进行倒数计算。

第 5 章　数据驱动型经营者

集中的申报标准

5.1 经营者集中申报及其标准面临的问题

经营者集中导致经济权力集中，由于经营者集中案件在现代经济生活中频繁出现，而执法资源的有限性决定了竞争执法机构不可能对所有集中行为进行审查，只能将有限的资源投放到导致经济权力过度集中的经营者集中行为上，因而需要对过度集中予以限定。国际上通行的做法是设定经营者集中的申报标准，达到标准的集中行为，集中当事人有履行经营者集中申报的法律义务。申报标准是经营者集中申报制度的一部分，所谓经营者集中申报制度是指经营者拟实施集中行为时，为了确保竞争执法机构，例如我国的国家市场监督管理总局、日本的公正交易委员会、美国的司法部和联邦交易委员会以及欧盟委员会等，能够有一个在事前对该集中行为是否将会产生限制市场竞争效果的违法性问题做出判断的机会，而要求经营者集中的当事人事先向其提供有关资料和信息的一项制度。①

5.1.1 经营者集中申报及其意义

申报制度始于 1949 年，由日本竞争执法机构首次提出，而后逐渐对世界各国的经营者集中规制法律制度产生影响。美国于 1976 年通过了《哈特－司考特－罗迪诺法》，在克莱顿法第 7 条中增设第 7A 条，从而建立起了经营者集中的事前申报制度。欧盟于 1989 年颁布的《并购条例》中将事前申报制度作为一项基本内容，在条例中做了详细规定。美国和欧盟虽然在申报制度建立的时间稍晚，但其所建立的申报制度内容充实，适用范围广，更接近于现代意义上的经营者集中申报制度。

---

① 实方谦二. 独占禁止法 [M]. 東京：有斐閣，1992：128。

　　我国经营者集中申报制度是伴随着《反垄断法》的颁布逐渐建立起来的,在《反垄断法》第二十一条规定达到申报标准的经营者集中应当申报,未申报的不得实施集中,第二十二条列举了两种不必申报的情形。2018 年以前,商务部是我国经营者集中规制的执法机构,颁布了《经营者集中申报办法》《关于经营者集中简易案件适用标准的暂行规定》《未依法申报经营者集中调查处理暂行办法》等与申报制度相关的法规。2018 年反垄断执法权合三为一之后,国家市场监督管理总局成为我国经营者集中规制的执法机构,相继出台了《关于经营者集中申报的指导意见》《关于经营者集中申报文件资料的指导意见》《关于规范经营者集中案件申报名称的指导意见》和《关于经营者集中简易案件申报的指导意见》等法规文件,调整了相关执法主体并对相关法规做出进一步的细化规定。2020 年 10 月国家市场监督管理总局在整合上述法规的基础上颁布了《经营者集中审查暂行规定》,在其第二章经营者集中申报中对营业额、共同控制、部分收购、商谈申请、合并集中方式和申报资料等方面内容进行了说明,列举了界定简易案件的几种情形、不视为简易案件的几种情形和简易案件撤销的几种情形,对未依法申报经营者集中调查处理的依据、主体、调查程序等方面做出了规定。令人遗憾的是,本次颁布的《经营者集中审查暂行规定》只是对我国 2008 年以来经营者集中规制制度的一次汇编,国家市场监督管理总局并未就数字经济下经营者集中的新变化对相关规制规则进行调整与创新。

　　集中申报是经营者集中规制的头道环节,它体现了集中规制的事前特征。事前规制是与事后规制相对的概念,在经营者集中规制中是指竞争执法机构在集中行为实际发生之前进行的依法规制活动,是对经营者集中可能带来的市场垄断风险的回应。事后规制是建立在既定事实基础之上,即垄断行为已经发生且产生了反竞争效果,根据垄断行为造成损害程度的差别,确定对违法者适用处罚,以此达到矫正市场竞争秩序的目的。在早期的经营者集中规制制度中体现的是事后规制的思路,例如日本在 1947 年颁布的反垄断法中规定对经营者集中实施审批制度,在 1949 年对反垄断法实施了第一次修订以后,才将审批制度改为事前申报制度。

　　由事后的审批制度调整为事前申报制度的意义在于：①事前申报制度是对垄断风险的规制,而非对垄断市场结构和垄断行为结果的规制。经营者集中事前申

数据驱动型经营者集中与反垄断法规制

报制度能够帮助竞争执法机构识别具有较大概率产生垄断可能的集中行为，通过限制经营者规模、保持足够经营者数量等规制手段，降低集中行为在相关市场上产生垄断结构和导致后续垄断行为的风险。②事前规制能够节约成本。事前规制既能降低经营者的成本，也能降低竞争执法机构的成本。从经营者角度看，如果采取事后规制，竞争执法机构否定的规制结果将阻止经营者正在进行的集中行为并要求已经完成部分的经营者集中恢复到集中前的状态，这将使经营者承担大量的人力和物力成本，打乱经营者的战略部署，可能因为未成功完成的经营者集中行为削弱其市场竞争力量；①如果采取事前规制，由于集中行为还未实施，故可以节约大量的因实施集中行为而产生的高额费用，避免集中行为实施后经营者受到处罚时所要担负的巨额成本。从竞争执法机构的角度看，竞争执法机构在经营者集中行为实施或完成后再进行调查与处罚，将使执法成本倍增。尤其是对经营者实施剥离处罚时往往会造成很大的经济损失，因为剥离处罚执行难度较大，竞争执法机构需要投入大量的人力、物力和时间成本；②如果采取事前规制，竞争执法机构则可以避免付出处罚的执行成本。

5.1.2　经营者集中申报标准面临的问题

数字经济是"数据为王"的时代，数据作为提升产品或服务水平，创新商业模式和创造用户需求的驱动力，其重要性不可忽视，关于数据申报标准的研究意义重大。

申报制度是经营者集中规制的头道关口，有效的申报制度直接影响着整个经营者集中规制体系的运行质量和效率，申报标准作为申报制度的核心决定了经营者集中的规制范围。通常情况下，竞争执法机构仅干预那些对市场竞争可能产生严重不利影响的集中行为，即大企业间的合并，或者至少有大企业参与的集中行

---

① 例如，2008年汇源公司按照可口可乐公司要求的收购条件，完全裁撤了其销售渠道并进军农业，投资上游果蔬基地建设，仅2个月内就投进了20亿元。然而，此时却恰逢《反垄断法》颁布，收购计划被全面叫停，汇源公司不得不重新布局自己的销售渠道，公司的农业进军计划也因此被叫停。竞争执法机构否定的规制结论，打乱了汇源公司对自身未来发展的计划，从此汇源公司一蹶不振。

② 李国海. 反垄断法实施机制研究 [M]. 北京：中国方正出版社，2006：187.

为。① 由于是"二选一"情形，故而在制定标准时应清晰、准确，各国在制定经营者集中申报标准时也都遵循这样的原则，最早采用体现经营者市场竞争水平的营业额指标作为经营者集中的申报标准，但其适用性颇具争议，域外竞争执法机构对此做出了一定的回应，例如美国、德国和奥地利已将交易额纳入到申报标准之中。目前，可量化的经营成果标准（如营业额）和市场交易额标准为世界各竞争执法机构普遍采用。在数字经济下，数据作为一种市场力量的体现，在经营者集中规制中的影响不容忽视。数据驱动型经营者集中具有与传统经济下经营者集中不同的特点，在相关市场上具有优势数据经济权力经营者之间的集中行为很有可能无法引发传统经营者集中申报制度的关注，因为从传统市场力量的视角考查，它们的集中行为可能并未达到营业额或交易额标准，但并不代表它们的集中行为不会引发相关市场上的竞争问题。运用源自传统经济下的经营者集中申报标准界定数据驱动型经营者集中的规制范围存在着很大的漏洞，它可能会从源头上设置了竞争执法机构对数据驱动型经营者集中规制的障碍，进而影响经营者集中反垄断法规制目标的实现。2020 年 12 月中国出租汽车产业联盟致函国家市场监管总局，呼吁市场监管总局继续对滴滴出行和优步中国合并案实施反垄断调查。一周后，全国交通运输工作会议召开，会上提出了 2021 年强化交通运输领域反垄断的工作目标，使滴滴和优步中国合并案重新回到公众视野。2016 年滴滴和优步中国在未经依法申报的情况下完成了合并计划，合并后滴滴占据了专车市场 90% 以上的份额，② 故而引发理论界关于经营者集中申报标准问题的讨论。网约车平台是司机和乘客之间的中介，其运营方式是利用数据技术实现供需双方的快速匹配，滴滴、优步不是出行服务的提供者，而是"人""车"资源的协调者和分配者，③网约车司机并非平台的员工而是独立的劳动者。在乘客支付给平台的服务费中，一部分是网约车司机的劳动报酬，另一部分是平台的中介服务费。该案争议的主要焦点首先在于营业额概念的界定，即网约车司机的劳动报酬是否应属营业额计

---

① 王晓晔. 反垄断法 [M]. 北京：法律出版社，2011：266.

② 前瞻产业研究院. 中国网约车用户数达 1.59 亿人 滴滴出行市场稳居第一 [EB/OL].https://bg. qianzhan. com/report/detail/459/160817-3b685fe2.html,2021-12-01.

③ 郜庆，苏厚阳. 滴滴合并优步案的反垄断分析 [J]. 华北电力大学学报（社会科学版），2019（06）：78-84.

数据驱动型经营者集中与反垄断法规制

算范畴；其次，在于营业额标准的适用问题，即单一的营业额标准是否能够满足经营者集中申报制度的要求。笔者认为，如果跳出上述两点争议，从数据的角度看，滴滴和优步中国的合并实则是一种数据驱动型经营者集中行为，是两个经营者的数据集和平台合二为一的过程。如果运用数据标准考量合并申报的必要性时，将会得到确定的答案。此外，数据易于量化，以其作为申报标准，与营业额标准相似，同样具有清晰、准确的特点。综上，数据作为数字经济下的基本要素，是数据驱动型经营者集中的重要考量因素，将其作为集中事前申报标准符合反垄断法规制的要求，可避免出现"漏网之鱼"。值得欣慰的是，2021年颁布和实施的《个人信息保护法》关于国家网信部门规定数量的个人信息处理者和重要互联网平台服务、用户数量巨大、业务类型复杂的个人信息处理者负有相关义务的规定，为数据驱动型经营者集中反垄断法规制中数据量化申报标准的制定指引了方向，是值得再次修订《反垄断法》时借鉴的。

然而，在2021年10月的《反垄断法（修正草案）》中，对原法第二十一条进行了补充，增加了"经营者集中未达到国务院规定的申报标准，但有证据证明该经营者集中具有或者可能具有排除、限制竞争效果的，国务院反垄断执法机构应当依法进行调查"的文字表述，构成《反垄断法（修正草案）》的第二十六条。2022年8月修订后的《反垄断法》正式实施，上述第二十六条正式写入修订后的反垄断法。第二十六条可以被理解为是申报标准的兜底条款，即如果现行申报标准未能将具有或者可能具有排除、限制竞争效果的经营者集中行为纳入反垄断法的规制范围时，竞争执法机构可以行使自由裁量权，绕过申报标准，评估该集中行为的竞争效果，做出是否实施后续规制审查的决定。笔者认为，这样的制度安排有用力过度之嫌，可能使以申报标准为核心的经营者集中申报制度从一个极端走向另一个极端。正如上文所述，源自传统经济的经营者集中申报标准在数字经济下容易产生漏网之鱼，而修订后的《反垄断法》第二十六条的解决思路给人以"既然不好用，那就绕过它"的直观感受，将会产生执法成本的增加、自由裁量权的过度放大和集中当事人可预见性弱化等一系列问题。①执法成本的增加。第二十六条赋予竞争执法机构可以对未达到申报标准的"具有或者可能具有排除、限制竞争效果的经营者集中行为"启动竞争审查的权力和责任。制定申报标准的本意之一在于降低执法成本，使竞争执法机构将执法资源投入到值得重点关注的集中行为上，而上述制度安排在赋予竞争执法机构更大执法权力的同时，也扩大了执法范围。为了筛选出"具有或者可能具有排除、限制竞争效果的经营者集中行为"，竞争执法机构可能要对所有拟实施的集中行为进行评估，执法成本的增加不言而喻。②自由裁量权的过度放大。经营者集中的反垄断法规制是一种预测性的事前规制行为，需要赋予竞争执法机构较大的自由裁量权，而申报标准则是对自由裁量权的约束。第二十六条实质上弱化了申报标准对自由裁量权的约束力量，失去了申报标准的约束，竞争执法机构的自由裁量权势必存在过度放大的风险。③集中当事人可预见性的弱化。对于经营者集中的当事人而言申报标准是其守法依据，如果申报标准未对其拟实施的集中行为做出法律上的限制，集中当事人可以按照自己制订的时间计划完成集中行为并尽早创造效益，而第二十六条将会弱化集中当事人对集中行为的可预见性。如果竞争执法机构按照第二十六条对该集中行为实施审查，势必打乱集中当事人的时间计划，给其造成损失。此外，第二十六条还会导致竞争执法机构怠于对申报标准的研究与修订，终将使经营者集中申报制度形同虚设。

5.2　申报标准从单一转向多维

伴随数字经济的发展，经营者之间竞争的焦点由销售渠道、供应渠道和生产技术等传统资源转向数据资源。作为一种有效获取竞争资源的手段，经营者集中也从获取传统资源类型向获取数据资源转变。

5.2.1　营业额标准的价值衡量局限

经营者集中申报标准是界定申报义务人时采用的规模限定要件，它是竞争执法机构传递给集中当事人的信号，集中当事人可通过该信号认识到如果集中行为达到一定规模时，它们要受到竞争执法机构的审查。①各国通行的申报标准多以

---

① 王晓晔. 反垄断法 [M]. 北京：法律出版社，2011：266.

数据驱动型经营者集中与反垄断法规制

可量化的市场结构标准为主，其优点是直观、指向性强，无论是营业额、销售额、资产还是市场份额标准相关数据取得比较容易，可预见性强。部分国家的申报标准可根据经济发展的具体情况进行调整，即监控相关市场总量变动情况，对占有较大结构比重的经营者集中设置申报门槛，防止此类集中对相关市场的竞争带来负面影响。众所周知，并非所有的经营者集中都会受到反垄断法的干预，能够引发反垄断法关注的是那些可能对市场竞争产生负面影响的集中行为。世界各国的一般做法是建立经营者集中申报制度，其核心是申报标准的设定问题。

5.2.1.1　Facebook 收购 Whatsapp 案引发的关注

Facebook 收购 Whatsapp 案值得经营者集中申报标准制度特别关注，2014 年 Facebook 斥资 190 亿美金收购只有 56 名雇员，成立不足 5 年，年收入 2000 万美金的 Whatsapp 公司，而 Fackbook 在 2013 年营业额 78.7 亿美元，二者营收差距巨大。外界分析 Facebook 此次合并的动因主要有：①获取用户。虽然 Facebook 已经是全球最大的社交平台，并且拥有 Facebook Messenger 这款社交软件，但在欧美即时通信软件市场中，WhatsApp 拥有垄断地位，合并前每月活跃用户 6 亿人，日新增用户超过 100 万。[①]②整合商业模式。Facebook 会将整合后的用户群进行细分，将免费使用与社交收费商业模式相融合，创造更大的盈利空间。③拓展市场。由于两款软件拥有的用户群存在差异，合并后的 Facebook 市场份额将会得到极大提升。上述分析不无道理，但如果说 Facebook 没有看中 WhatsApp 巨量用户群体分分秒秒产生的海量数据也是不可能的。WhatsApp 的用户数据蕴含着巨大的能量，Facebook 可通过整合 WhatsApp 用户数据和自身资源优势提升现有业务的服务水平，创新商业模式，创造用户需求。由于 Facebook 在 2013 年的营业额达到了相关标准，该项集中进入了竞争执法机构的视野。但未来可能会出现一种场景：拟集中的两家经营者营业额总和不超标准（如我国 100 亿人民币的申报标准），且其中一家经营者拥有数据优势，但营业额非常小（如低于我国 4 亿人民币的标准），这样的集中虽然达不到营业额申报门槛，但可能会影响到市场

---

① 人民网.WhatsApp 每月活跃用户数上升至 7 亿人,http://it.people.com.cn/n/2015/0108/c1009-26346992.html,2021-12-01.

竞争公平，应该引起竞争执法机构的关注。

5.2.1.2　各国申报标准的变迁

纵观世界各国的竞争执法机构在制定申报标准时，主要聚焦于营业额标准和交易额标准，理论界可达成共识的其他标准还有相关市场的排名、经营者市场份额、市场占有率、利润额、资产额等指标。美国在设定合并申报门槛之初便采用了营业额与交易额相结合的标准，将资产总额和年度的销售总额合并在一起作为了当事人规模标准的同时还采用了交易规模标准。在美国《克莱顿法》第 7A条 (a)(2)(A)(B) 项规定以下情形应进行集中事前申报：①交易金额超过 2 亿美元；②交易金额在 5 千万和 2 亿美元之间，被收购人从事制造业且年销售额或总资产达到 1 千万美元及以上，收购人年销售额或总资产达到 1 亿美元及以上；③交易金额在 5 千万和 2 亿美元之间，被收购人从事非制造业且总资产达到 1 千万美元及以上，收购人年销售额或总资产达到 1 亿美元及以上；④交易金额在 5 千万和2 亿美元之间，被收购人年销售额或总资产达到 1 亿美元及以上，收购人年销售额或总资产达到 1 千万美元及以上。

与美国申报标准的设计目的不同，欧盟采用当事人规模标准，以年度销售总额作为基准。在欧盟理事会《企业合并条例》（第 139/2004 号理事会条例）第 1 条、第 2 款和第 3 款中规定，达到共同体规模的集中当事人需履行申报义务。在欧盟国家中，德国为了应对数字经济的挑战，对经营者集中申报标准做出了积极的调整。在 2017 年以前与欧盟保持一致，采用销售额标准。2017 年 3 月，德国联邦议院审批通过了《反对限制竞争法》第九修正案，其中一个主要目的是为了适应经济的数字化进程发展，在年度销售总额标准基础上引入了交易规模标准，从而使营业额很小的目标经营者在达到一定程度的交易价格的情况下也属于德国竞争执法机构审查的范围，对在德国境内营业额达到 500 万欧元但交易规模超过 4 亿欧元的集中行为有必要对其进行反垄断审查。①2021 年通过的德国《反限制竞争法》第十修正案，将营业额的 500 万欧元标准提高到 1750 万欧元，无论是在欧盟层面还是对于多数欧盟成员国而言，交易额还未成为反垄断申报标准的主要考量因

---

① https://monopolkommission.de/images/HG21/HGXXI_Kap1_GWB–Novelle.pdf,2021–12–01.

素，德国成为欧盟国家中第一个交易额标准的践行者。在数字经济下，交易额标准较营业额标准更具规制意义。主要原因在于，对于那些拥有数据资源、但其价值还未被充分开发出来的经营者的市场竞争力还不能通过营业额得以体现，而拟实施集中的经营者往往通过集中交易额体现其对前者拥有数据资源价值的认可。此外，德国引入交易额标准也体现了对未来可能产生重大竞争影响的初创型经营者实施的集中行为的关注。

我国也采用当事人规模标准，以营业额标准作为其规模要件的基准。2008年8月国务院颁布的《关于经营者集中申报标准的规定》是目前确定经营者集中申报标准的法律依据。在数字经济下，我国为了应对平台经济领域市场垄断行为带来的挑战，2021年2月出台了《平台反垄断指南》，其第十八条以《关于经营者集中申报标准的规定》第三条和《经营者集中审查暂行规定》第七条为基础，针对平台经济领域反垄断特征对营业额做出了具体的界定。提出了差异化的营业额计算思路，可根据经营者行业惯例、收费方式、商业模式和平台经营者作用等因素区别调整营业额计算方法，特别提出当"平台经营者具体参与平台一侧市场竞争或者发挥主导作用的，还可以计算平台所涉交易金额。"这意味着在计算营业额时，可突破经营者形式独立性的限制。以滴滴出行为例，平台和司机是形式上独立的经营者，如果滴滴平台参与司机一侧市场竞争（如滴滴组建自营的司机团队）或滴滴平台在司机一侧市场竞争中发挥主导作用，那么滴滴平台上的交易金额便可以作为计算营业额的基础。

5.2.1.3　战略性并购引发的思考

营业额与交易额相结合的标准在数字经济下具有较为重要的意义：新经济下的初创经营者往往需要自己培育消费者群体，在创建之初的几年，多采用补贴方式培育市场，促进消费者特定消费习惯的养成。在此期间，初创经营者的营业额难以达到经营者集中规制的门槛标准，但其对未来市场竞争的影响仍然不可小觑，交易额标准与营业额标准可互相取长补短，识别出市场上具有超额价值的集中行为，分析其对市场竞争的影响。近年来，随着数字经济业态的不断变化，破坏性创新层出不穷，对经营者集中申报标准提出了新挑战，即对战略性并购（Killer Acquisitions）的识别问题。战略性并购是指市场主导经营者出于对初创经营者破坏性创新的担忧，在其"羽翼未丰"之时实施的集中行为。它一方面可以放慢破坏性创新的发展速度，甚至将其暂时"雪藏"，延长现有商业模式的生命周期。这样做对于市场主导经营者而言是有利的，它可以延长市场主导经营者在规模经济效应下赚取超额利润的时间，有利于保持其市场主导地位，而消费者则无法及时享受技术进步带来的福利。就目前来看，无论是单一的营业额标准还是营业额和交易额相结合的申报标准都无法对战略性并购进行有效识别。

5.2.1.4　交易额标准中的数据估值问题

此外，笔者认为在数据驱动型经营者集中中，交易额标准仍面临着数据资源、算力和算法等数据能力的估值难题。其中，算力和算法的估值相对于数据资源而言较为容易，可以通过评估软硬件和技术价值进行衡量。而对于数据资源而言，虽然我国的数据交易市场已经形成，但相关规则还有进一步完善的空间，数据交易的价格机制还未有效确定，故无法像其他要素市场一样提供公平的数据价格，因此通过货币量化数据资源的交易额度还存在一定的难度。此外，由于数据经济权力具有多元特征，对经营者所拥有的数据经济权力不能仅仅依靠交易额等货币量化指标进行衡量。由于数据经济权力的核心是数据且其具有可计量的特点，故笔者认为将数据交易量设为数据驱动型经营者集中的交易规模标准更为科学有效，而随着数据市场进一步发展，货币量化的数据交易额估值指标也有成为一个参考性申报标准的可能。

5.2.2　数据的整合机制及其标准化

在数字经济下，数据已经成为经济发展的基础要素和企业经营的重要资源，一些营业额水平不高但掌握数据资源或掌握获取数据资源能力的经营者成为优质的并购对象，例如在 Walmart 收购 Flipkart Group、Visa 收购 Plaid、Morgan Stanley 收购 E*Trade、Koch 收购 Infor 等一系列集中案例中，集中当事人营业额水平相差悬殊，营业额较小一方当事人拥有数据、算法或算力等竞争资源，营业额较大一方当事人拥有传统竞争优势资源，并购往往由营业额较大一方当事人发起，其目的在于推动传统产业的数字化进程借以适应数字经济下的竞争环境。交

数据驱动型经营者集中与反垄断法规制

易规模与被集中当事人营收规模上的反差，意味着拟集中当事人特别看中对方包括数据、算法和算力在内的，对其发展具有战略意义的"软实力"，它可能对现今和未来的市场竞争产生重要影响，它应是竞争执法机构介入干预的重要信号，如果采用单一经营成果标准，势必造成对该类交易的忽视。我国 2021 年颁布和实施的《个人信息保护法》中关于达到国家网信部门规定数量的个人信息处理者和提供重要互联网平台服务、用户数量巨大、业务类型复杂的个人信息处理者应当承担相关义务的规定表明，我国在立法层面上已将数据、算法和算力等数据软实力视为国家网信等个人信息保护部门履行职责的重要信号，也为数据驱动型经营者集中数据量化申报标准的制定指引了方向。

数据驱动型经营者集中的核心任务是获取数据资源，数据理应成为判断数据驱动型经营者集中是否具有反垄断法规制必要性的维度之一。但遗憾的是，到目前为止还没有一个国家或地区的竞争执法机构有相关的规定。数据驱动型经营者集中是经营者之间数据、算法和算力三种资源的集中整合过程。数据整合主要从数量和种类两个层面进行：①数量整合。由于数据具有规模网络效应，只有当数据量达到一定的阈值水平时，在算法和算力的共同作用下才能提炼出数据价值，这是由于数据的价值低密度特征决定的。由于数据具有与营业额和交易额标准相同的可量化特征，因此可以效仿二者设计数据量标准：可先根据行业特征设定数据量阈值水平，如果集中当事人的数据量之和超过阈值水平，则可初步认定集中当事人具有申报义务；②种类整合。数据除具有规模网络效应还具有范围网络效应，数据范围网络效应是通过数据种类数量的积累来创造数据的价值，可根据数据量标准的设计思路创设数据类标准。算法和算力可以被简单地理解为提炼数据价值的工艺、技术和设备，是经营者数据竞争能力的一种体现，是数据驱动型经营者集中申报标准中的一个重要维度。综上，数据驱动型经营者集中申报标准应能够体现数据、算法和算力在创造数据价值的能力，它应该是一个由多维度、可量化的标准体系，它至少应包含数据量、数据类和数据能力三个维度。

5.2.3　数据驱动型经营者集中的多维度申报标准

营业额维度和交易额维度在数据驱动型经营者集中中仍将发挥重要的作用，

在此基础上还应增设体现数据价值的相关维度。在数字经济时代，经营者拥有数据的数量、种类、时效性以及对数据的处理能力是数据价值的主要体现。因此，笔者建议从数量、种类、时间和能力四个子维度构建数据维度的申报标准。

首先，经营者拥有数据的绝对数量是其市场竞争力的体现，但也应该考虑数据的市场相关性、可替代性和非独占性等特点对于经营者市场竞争力的影响。市场相关性是指要考虑经营者拥有的数据与所在相关市场或通过集中拟进入的相关市场之间的关系，如果经营者拥有的数据并非来自上述相关市场，则不能认定经营者在上述相关市场拥有数据竞争优势。数据的可替代性是指经营者获取数据的渠道并不唯一，并且通过各种渠道获得的数据集也并不完全一致，但将这些数据集输入相同的数据分析模型中所得结果可能相同或近似。替代数据集的存在能够弱化经营者的数据竞争力，相关市场也不易形成数据垄断。数据的非独占性与可替代性有所不同，非独占性指相同数据集为不同的经营者所拥有，例如公共事业部门公开的相关数据。与可替代性相同的是非独占性也是经营者数据竞争力的削弱项。综上，在设定集中申报标准的数据数量维度时，不仅应考虑经营者拥有数据的绝对数量，还应对数据的市场相关度进行界定，再进一步排除数据的可替代性和非独占性影响。

其次，数据的价值不仅体现在数量上，数据的种类也是一个重要的价值维度。数据的种类可以理解为某一认知对象的属性，例如人的属性包括，身高、体重、月收入、身份证号码等等，掌握某人的属性越多，对其了解就越详细，有针对性的商业模式也可能越成功。在相关市场上，经营者掌握数据种类的多寡是市场竞争力一种体现。在非相关市场上，经营者掌握数据的种类越多，帮助其发现新的商业模式的机会就越大，进入某一非相关市场的可能性也越大。

再次，数据的价值还体现在时效性方面，即数据价值的时间维度。通常距离决策时间节点越近的数据对决策更具价值，因此，在设定数据的时间维度标准时，应充分考虑经营者拥有数据的"新鲜"度以及经营者的"保鲜"能力。数据的"新鲜"度是指数据的时效性，"保鲜"能力是指经营者维持数据时效性的能力，例如，维持现有系统数据更新的能力等。

最后，数据能力维度是数据数量、数据种类和数据时间维度之外的独立维度，它主要考量经营者对数据的收集、处理、分析的综合能力，是经营者数据竞争力的直接体现。相对于其他维度，数据能力维度较难量化，一种解决思路是找出其外在表达特征值并赋予相应的权数，计算加权数据能力值并将其与相关市场或非相关市场上竞争者的数据能力值进行比较，进而实现数据能力的量化表达。

经营者集中的反垄断法规制是一种事前的、建立在对未来市场竞争环境推断基础上的法律规制行为。目前多数国家和地区在经营者集中反垄断法规制中仍然使用单一的经营成果标准，只有少数国家（如美国、德国等）采用经营成果和市场交易额相结合的复合标准，我国目前仍然采用单一的经营成果标准。笔者认为，经营成果和市场交易额确为构建集中申报标准的两个重要维度，随着数字经济的发展以及数据在生产、经营中地位的凸显，应将其增设为经营者集中申报标准的第三维度，即数据维度，形成一个三维度数据驱动型经营者集中申报标准体系。数据维度应被进一步细化为数量、种类、时间和能力四个子维度，数据数量、种类维度倾向于对存量数据资源的考量，时间、能力维度是对经营者现有及未来数据竞争力的考量。

5.3　数字经济背景下的标准时效性及其完善

5.3.1　静态标准导致市场界定狭窄

2020 年 1 月国家市场监督管理总局在其发布的《反垄断法》修订草案第二十四条第二款中新增了"国务院反垄断执法机构可以根据经济发展水平、行业规模等制定和修改申报标准，并及时向社会公布"的文字描述。这一调整主要是借鉴美国的相关做法，美国企业并购的反垄断申报标准会在每年年初根据上一年度的国内生产总值增长水平和通货膨胀水平进行调整，并由联邦贸易委员会依据《哈特—司考特—罗迪诺法》予以公布。依照现行规定，经营者在中国境内营业额超过 4 亿人民币时，即需对其集中交易进行申报。该标准订立于 2007 年，距今已有十余年的时间没有进行修订。由于我国在过去十余年间经济飞速发展，综合考虑国内生产总值增长水平和通货膨胀水平因素，该标准已不再适合划定经营者集中规制的范围，未经修订的营业额标准界定范围明显过小，这样会加重经营者申报和竞争执法机构审查的负担。因此，笔者认为，应对《国务院关于经营者集中申报标准的规定》进行修订，将营业额标准年度调整条款列入其第三条之中。营业额标准年度调整条款应包括三方面内容：一是确定基数年，可考虑将反垄断法正式实施的 2008 年作为基数年；二是确定 GDP 增长率和 CPI 指数的数据来源，一般以国家统计局或世界银行公布的数据为准；三是确定计算方法，在此笔者设计了一种可能的基于 GDP（年国内生产总值）和 CPI（年居民消费价格指数）的营业额标准计算方法（见表 5-1），具体步骤如下：①通过 CPI 指数调整基准年 GDP 年增长率；②根据 2009 年的 CPI 指数调整该年的 GDP 年增长率；③根据 2008 年调整后的 GDP 年增长率计算 2009 年的 GDP 增长率；④以 2008 年调整后的 GDP 增长率为基础计算 2009 年经营者集中营业额申报标准的年增长率；⑤计算 2009 年营业额申报标准；⑥以调整后的 2009 年营业额标准为基础重复第二步到第五步计算下一年营业额申报标准，以此类推。[1]通过计算可得 2020 年营业额标准为 4.98 亿元，意味着如果考虑 GDP 和 CPI 因素，需调增近 1 亿元才能实际符合反垄断法立法之初设定的申报门槛水平。

表 5-1　2009 年以来营业额标准计算列表 [2]

年份	GDP 年增长率	CPI 指数	根据 CPI 调整 GDP 年增长率	计算营业额标准增长率	计算营业额标准
2008	9.65%	5.92%	10.22%	0	4.00
2009	9.40%	-0.73%	9.33%	11.18%	4.45
2010	10.64%	3.18%	10.98%	12.40%	4.50
2011	9.55%	5.55%	10.08%	13.65%	4.55
2012	7.86%	2.62%	8.07%	14.75%	4.59
2013	7.77%	2.62%	7.97%	15.93%	4.64
2014	7.43%	1.92%	7.57%	17.14%	4.69
2015	7.04%	1.44%	7.14%	18.36%	4.73
2016	6.85%	2.00%	6.99%	19.64%	4.79

[1] 以计算 2009 年的营业额标准为例：基准年 2008 年的 GDP 年增长率为 9.65%，CPI 指数为 5.92%，那么根据 CPI 调整后的 2008 年 GDP 年增长率为 9.65%*（1+5.92%）=10.22%；2009 年的 GDP 年增长率为 9.4%，CPI 指数为 -0.73%，那么根据 CPI 调整后的 2009 年 GDP 年增长率为 9.4%*（1-0.73%）=9.33%；2009 年营业额标准增长率为 10.22%*（1+9.33%）=11.18%；2009 年营业额标准应为 4 亿 *11.18%=4.45.

[2] 数据来源 :https://data.worldbank.org.cn/indicator,2021-12-01.

续表

年份	GDP 年增长率	CPI 指数	根据 CPI 调整 GDP 年增长率	计算营业额标准增长率	计算营业额标准
2017	6.95%	1.59%	7.06%	21.03%	4.84
2018	6.75%	2.07%	6.89%	22.48%	4.90
2019	6.11%	2.90%	6.29%	23.89%	4.96
2020	2.30%	2.50%	2.36%	24.45%	4.98

5.3.2 申报标准量化指标的动态调整

一个有生命力的集中申报标准应具有动态适应性，可根据外部环境的变化进行调整。考查世界各国经济发展情况，国民生产总值（GDP）和通货膨胀率（IR）都呈现总体上升趋势，这就意味着以货币表示的经营者集中申报标准也应随之做相应调整，才能保持其在制定时所代表的社会价值水平。例如，美国的经营者集中申报标准在每年初都根据上一年度 GDP 和 IR 水平变动情况进行调整，其实质是申报标准动态适应性的体现，是对经营者集中申报标准的经营成果维度和交易额维度的调整。数据维度也应逐年调整，因为数字技术的发展必将带来数据处理效率的提升和成本的下降，如不及时调整，数据"门槛"将迅速降低，数据维度将形同虚设。为了解决上述问题，可考虑借鉴摩尔定律（Moore's law）。摩尔定律是由 Intel 联合创始人戈登·摩尔提出，他通过仔细观察发现集成电路上可容纳的晶体管数量，约每隔两年便会增加一倍，进而性能提升一倍，而相关成本也将成倍下降，摩尔定律成为电子行业的黄金定律和创新的出发点，如今它已成为预测现代数字革命的可循规律。[①]以摩尔定律的预测框架为基础，对经营者集中申报标准的数据维度加以动态调整，保证数据申报标准时效性、有效性和科学性。因此，笔者提出了动态数据申报标准的概念，它是一个由数据量、数据获取成本和时间三个维度共同构建的申报标准。它是在一定周期内，竞争执法机构通过考查相关市场上经营者平均获取数据量和数据获取成本的变化情况设定动态数据申报标准的一种方法。具体步骤如下：①确定考查周期。竞争执法机构可参考摩尔定律将考查周期设为两年；②统计相关市场上所有经营者数据递增和数据获取成

---

① https://www.intel.cn/content/www/cn/zh/silicon-innovations/moores-law-technology.html,2021-12-01.

104

本递减情况；③计算平均数据递增率和数据成本递减率。④在平均数据递增率和数据成本递减率的基础上，根据行业特点设定相关市场动态数据申报标准。

　　最后需要指出的是，申报标准之所以在相当长的一定时间内保持固定不变，其中一个重要的原因在于申报标准计算复杂，频繁修改需要大量人力、物力成本的投入。竞争执法机构可以依靠大数据等数字技术，对相关市场的集中度情况实施监控，根据营业额、交易额、数据量和关注度等一系列指标确定经营者集中的申报标准，使相关市场上不再有"漏网之鱼"。

第 6 章　数据驱动型经营者
　　　　　集中的审查依据

动态的、以数据为核心的多维度相关市场界定方法为确定数据驱动型经营者集中实体审查范围提供支持。竞争执法机构将以此为基础，对个案中竞争影响因素与竞争效果之间的关联程度进行评估，判断集中行为对集中前后市场竞争的实质性影响。

6.1　经营者集中审查存在的困难

经营者集中审查依据是对相关市场竞争效果影响较大的关联因素的集合，在我国《反垄断法》第二十七条中将参与集中的经营者在相关市场的市场份额及其对市场的控制力、相关市场的市场集中度、经营者集中对市场进入及技术进步的影响、经营者集中对消费者和其他有关经营者的影响、经营者集中对国民经济发展的影响和其他因素等六类因素作为经营者集中审查的主要依据。集中审查依据的选择是反垄断理论与实践研究成果的具体体现，在我国反垄断法审查依据中既能够看到哈佛学派市场结构理论的影响（如市场份额、市场集中度因素等），也能够看到芝加哥学派的市场绩效理论的影响（如市场控制力、市场进入因素等），还能够看到新奥地利学派的市场行为和过程理论的影响（如对消费者和其他有关经营者的影响等），随着反垄断相关理论的不断发展，经营者集中审查依据还将继续被替代、升级和丰富。此外，审查依据还受政治、经济和社会发展的影响，例如数字经济市场竞争基本规律的变化也会对审查依据的选择带来影响，在我国《平台反垄断指南》中就根据数字经济平台特点对上述六类审查依据进行了具体化。竞争损害分析是以经营者集中审查依据为起点，依据竞争损害理论，分析集中行为是否以及如何导致反竞争效果的过程。其中，反竞争效果的确定和个案竞争损害理论的选择是竞争损害分析的关键。

6.1.1　数据驱动型网络效应直接或间接影响竞争审查

竞争执法机构主要从市场份额及市场集中度、单边效应、协调效应、封锁效应、市场进入壁垒、买方势力、效率和破产等几个方面对拟集中行为进行反竞争效果评估。

6.1.1.1　市场集中度与数据集中度

竞争执法机构将较高的市场份额看作是市场力量的标志，在某些判例中提出拟集中经营者的规模是支持经营者集中违法推定的依据。[1]在纵向经营者集中案件中，由于竞争执法机构关注的问题是集中后经营者规模是否造成市场进入壁垒，以及集中将导致主导集中的经营者对关键供应或经销渠道的封锁效应，[2]因而在相关市场内精确测定市场份额是很重要的。测量市场份额的方法很多，通常以经营者在相关市场的上一年度的销售额为计算依据，因为年度销售额与经营者未来竞争力之间具有强相关性，是评价未来竞争力的主要指标。[3]执法机构也会使用产量或产能来衡量市场力量。当市场发生变化，之前的产能指标变得不可靠时，未来产能可以作为预测市场份额的指标。[4]在数字经济下，数据对经营及经营者的重要性在不断"升级"，已经从一般生产资源提升为关键生产要素，数据与未来竞争力之间的相关关系更为密切，数据以及获取数据的能力也因此可以作为预测市场份额的指标。选择好指标并确定好市场参与者之后，通过计算行业前 N 家企业联合市场份额（行业集中度指数，以下简称 CRn）和市场集中度的赫芬达尔 – 赫希曼指数（以下简称 HHI）可初步判断经营者集中对竞争的影响。笔者认为，参考 HHI 指数的思路，可以考虑设置数据集中度指标（Data Concentration Ratio，DCR）间接判断市场结构，即通过 DCR 对市场竞争力的影响判断市场集中度情况。

① United States v. Gen. Dynamics Corp. – 415 U.S. 486, 94 S. Ct. 1186 (1974)；Brown Shoe Co., Inc. v. United States, 370 U.S. 294 (1962).

② Brown Shoe Co., Inc. v. United States, 370 U.S. 294 (1962),at 294；HTI Health Servs. v. Quorum Health Group, 960 F Supp. 1104,1132 n.26 (S.D. Miss. 1997).

③ Brown Shoe Co., Inc. v. United States, 370 U.S. 294 (1962),at322 n.38；United States v. Gen. Dynamics Corp. - 415 U.S. 486, 94 S. Ct. 1186 (1974),at 501.

④ United States v. Gen. Dynamics Corp. - 415 U.S. 486, 94 S. Ct. 1186 (1974),at 501-04.

数据驱动型经营者集中与反垄断法规制

DCR 应与 HHI 指标结合运用，在 HHI 确定市场结构的基础上，考虑数据在数据驱动型经营者集中规制中的重要性，通过 DCR 对 HHI 指数进行合理的调整，既延续了传统市场结构理论对市场竞争力判断的影响力，又可以兼顾数字经济下数据的竞争影响力。需要注意的是，数据集中度不是简单的数据数量和数据种类的加法计算，还要做好减法计算，要充分考虑数据的可替代性和可复制性特点对数据竞争力的减弱效果。

6.1.1.2 单边效应

经营者集中如果造成单方行使市场力量的机会就会引起竞争问题。通过集中获得市场力的经营者可能不再考虑市场竞争的约束作用，通过减少产量等方法将价格提升到相对于集中前更有利的水平，或通过降低质量或减少创新来降低成本获得市场力量。[①] 在数字经济下，由于免费商业模式的普遍推广，经营者更加希望从提高产品或服务质量和创新能力两个方面获得市场竞争优势。一般情况下，经营者和消费者对于数据质量的要求存在差异，经营者认为高质量的数据应该是海量的、种类多的、时效性佳的和价值含量大的，即满足大数据 4V 特征要求的数据；而消费者则认为数据产品除具备功能性、可靠性和创新性等质量特征之外，还应能够对其个人信息或隐私提供保护，保护程度越高数据产品的质量就越高。经营者与消费者对于数据质量的要求存在一定的矛盾，经营者在数据驱动型商业模式的运营过程中需要满足 4V 特征的消费者大数据的支持，而消费者希望经营者尽可能少地收集个人信息并尽可能多地保护个人信息安全。在充分竞争的市场上，经营者会谨慎地处理个人信息保护和利用之间的关系，防止进退失据；而一旦经营者形成垄断势力，单边效应会驱使经营者通过降低个人信息保护程度来节约经营成本和创新成本。

转移率法是美国竞争执法机构提出的一种单边效应分析方法。将转移率法进行适当改造，可用于数据驱动型经营者集中单边效应分析。其改造的基本思路是将以价格—销量为中心的转换关系替换为以个人信息保护—数据量转换关系。经

---

① 美国律师协会反垄断分会. 合并与收购：理解反垄断问题 [M]. 3 版. 黄晋，译. 北京：北京大学出版社，
  2012：119.

过改造的转移率法更适于测量数据驱动型单边效应的效果，它将原来的价格核心测量机制改造为数据核心的测量机制，是应对传统经济数字化转型的需要。

6.1.1.3　协调效应

当一组经营者实施的、只有彼此配合才对相关市场上所有经营者都有利可图的行为被称为协调行为，协调行为能够产生协调效应，它是一种明示或默示的共谋，它可能是合法的抑或是非法的。在传统的反垄断领域中，协调效应产生的环境基础主要有相关市场内经营者的数量、市场透明度和共谋成本等三个：一般认为，相关市场内的经营者数量越多，经营者之间实现共谋的可能性就越小。由于在寡头市场中经营者数量较少，经营者之间更易实现共谋，它因此是竞争执法机构反垄断关注的重点；市场透明度越高意味着经营者在相关市场上实现共谋的可能性就越低；共谋的成本越高，经营者实施共谋的可能性就越小。[①]对于经营者而言实现协调效应需满足：首先，达成对参加协调所有经营者都有利的协调条件；其次，能够发现那些会破坏协调的背叛行为；最后，能够惩罚背叛的经营者。

在数字经济下，大数据和算法技术给协调行为提供了更大的运作空间，经营者之间可轻易达成协调效应。数据驱动型经营者集中促进相关市场的数据、算法和算力的资源整合，集中后的经营者因此拥有在数据、算法和算力竞争优势，进而可能促进集中后的相关市场竞争者之间的合谋行为。例如，通过经营者集中，某一经营者垄断了主流算法，由于算法开发需要时间成本和资金成本的投入，在短期内相关市场上的其他竞争者会倾向于模仿市场上主导经营者的算法，形成算法合谋。目前，针对算法合谋的反垄断研究主要集中在垄断协议和滥用市场支配地位两个领域，对于经营者集中领域的研究不多，主要因为集中后的经营者之间的联系不能称之为合谋行为，因此只能从经营者集中如何"促进"集中后市场竞争者之间协调效应这一点出发，研究数据、算法和算力集中的协调效应。

6.1.1.4　封锁效应

在传统经济下，封锁效应主要发生在纵向经营者集中之后，如果在集中行为

---

① 王先林. 我国反垄断法实施热点问题研究 [M]. 北京：法律出版社，2011：214.

数据驱动型经营者集中与反垄断法规制

发生后的相关市场上其他竞争者处于不利地位或更少地参与市场竞争，则可认定封锁效应发生。封锁分为以下两种形式：①投入封锁，是指集中后的经营者通过限制其他竞争者获取重要生产性投入来提高下游竞争成本的封锁行为，表现在集中后经营者提高商品销售价格、限制供应或提高供应条件等方面。[①]欧委会在进行投入封锁效应评估时主要从集中后经营者投入封锁的能力、动机和封锁对于下游市场上竞争的影响三方面入手。②消费者封锁，是指集中后经营者可以通过限制其他竞争者接触到下游消费者来阻碍上游市场竞争的封锁行为。例如，供应商与下游市场上的一个主要消费者合并，并因此封锁了其在上游市场的实际或潜在竞争对手获取消费者的能力，此时消费者封锁发生。[②]欧委会在进行消费者封锁效应评估时主要从封锁进入下游市场的能力、动机和封锁对消费者的影响三方面入手。在数字经济下，数据能够引发投入封锁效应，但与其他生产投入要素相比又存在差别，因为数据并不能一味地正向增强封锁效应，这是由于数据存在正负双向特征所致，以投入封锁为例，数据的价值依赖性、潜在用途广泛性、规模和范围效应特征能够增强投入封锁效应，而数据的可替代性和可复制性又能够减轻投入封锁效应。另外，受数字经济特征的影响，数据驱动型经营者集中引发的消费者封锁效应也存在正负双向特性：数字经济的网络效应、平台效应和赢家通吃等特征能够增强消费者封锁发生的可能性，而破坏性创新特征能够减弱消费者封锁效应。因此，在评估数字经济背景下数据相关的封锁效应时，应坚持个案原则，综合分析数据及数字经济对封锁效应的正负双向作用。

6.1.1.5 数据市场进入壁垒

市场进入的主体可能是市场参与者也可能是潜在竞争者，如果市场参与者或潜在竞争者无法进入某一市场，那么该市场内的集中行为必将引发反竞争效果，会让竞争执法机构产生集中后市场上可能缺乏竞争的担忧。如果市场进入壁垒很低，即使市场份额与集中度很高，经营者建立或者行使市场力量的难度会很

---

① Guidelines on the Assessment of Non-Horizontal Mergers under the Council Regulation on the Control of Concentrations between Undertakings [2008] OJ C 265/07, para 31

② Guidelines on the Assessment of Non-Horizontal Mergers under the Council Regulation on the Control of Concentrations between Undertakings [2008] OJ C 265/07, para 58.

高，相关市场不会产生竞争问题，因为潜在竞争者保持着对市场上现有经营者的竞争压力，若现有经营者不将其产品价格与产量设定在具有竞争力的水平上，潜在经营者将会进入市场并通过低价销售占领该市场。因此，只知道市场目前处于集中状态不足以证明现有经营者获得正收益或通过使用市场力量损害了消费者的利益，影响市场进入和退出的难易程度才是重要的分析变量。[1] 当然，市场参与者和潜在市场进入者仍需要区别对待，因为供给替代品的参与者会对价格提升做出迅速反应。据资料统计，在传统经济下，潜在市场进入者可能需要大于一年的时间，才能开始给市场供应产品。另外，供给替代参与者能以较低成本进入市场，而不会引发不可逆的投资，但对潜在市场进入者而言，需要花费巨额的沉没成本。经营者进入的市场可能是同质的，也可能是异质的。进入同质性市场和进入异质性市场的方式不同，同质性市场的新近经营者可能需要从头开始运营或者从一些相关联的边缘市场进入。与同质的产品市场相比，异质化市场的评估更加复杂。为了进入异质性市场，新近经营者可能采取多重方式，例如，通过创新增加产品的区分度、通过长时间市场坚守提高产品忠诚度等，应分别对每一种方式从市场进入的可能性和有效性进行分析。[2] 沉没成本是新近经营者面临的主要壁垒之一，市场进入者因投入巨额沉没成本将与市场现有经营者之间展开激烈的竞争。按照市场进入是否可能产生沉没成本进行分类，可以将市场进入分为受约束的和不受约束的两类：[3] 如果不产生任何沉没成本就可以进入市场，即使市场进入失败，市场进入者可以相对轻松地退出市场，此类市场进入称之为不受约束的市场进入，也被称为暂时性市场进入；当失败的市场进入者需要承担巨额沉没成本才能退出市场时，此类市场进入被称为受约束的市场进入。受约束市场进入比不受约束市场进入更为常见，由于受约束市场进入的影响因素多样且复杂，因此更难分析。[4] 随着经营者对数据依赖程度的提高，使其逐渐成为受约束市场进入的主要因素。

[1] Schwartz, M. The Nature and Scope of Contestability Theory[J]. Oxford Economic Papers, 1986, 38: 37-57.

[2] Coate, M. B. Theory Meets Practice: Barriers to Entry in Merger Analysis[J]. Review of Law & Economics, 2008, 4(01): 183-212.

[3] OECD.Policy Roundtable:Barriers to Entry[EB/OL]. https://www.oecd.org/regreform/sectors/36344429.pdf,2021-12-01.

[4] McAffee, R. P., Mialon, H. M.& Williams, M. A. When are Sunk Costs Barriers to Entry? Entry Barriers in Economic and Antitrust Analysis[J]. American Economic Review, 2004, 94(2). 461-465.

数据驱动型经营者集中与反垄断法规制

对数据因素进行分析时，应先考虑拟进入市场所需的相关数据的可获得性，再看可获得数据的数量和种类是否能够达到市场进入的门槛标准。由于数据获得途径的多样性，新进入经营者并非只能从拟进入市场获取数据，其存量数据资源可以进行转化，进而达到拟进入市场的数据门槛标准，这样的转化实质上降低了市场进入的壁垒。此外，如果数据相关成本占全部市场进入成本的比重较高时，需要考虑数据的可重复利用特性，如果可重复利用率较高，意味着数据取得成本不应计入沉没成本，市场进入的门槛应去除该部分成本。

市场进入壁垒可分为结构性的和战略性的，[①]结构性壁垒与市场结构本身以及基本产业条件相关，例如成本和需求。结构性因素包括政府规章、沉没成本、供需以及资源。在很多市场中，政府通常是进入市场最大的壁垒，往往通过许可和规制对拟进入市场的经营者施加限制。在受规制的行业中，许可程序、地域限制、安全标准以及其他法律要求可能会阻止或延迟企业进入市场。数据可能涉及国家规制的诸多方面，政府会因为个人隐私保护和国家安全等因素的考量设置市场准入门槛，变相提升市场进入难度。另外，市场中的主导经营者可以控制并掌握重要的经营投入要素（专利、供应及营销网络等），通过成本、规模或品牌忠诚度等优势，[②]限制其他经营者获取关键性投入，据以提高结构性进入壁垒。数据也是一种重要的经营投入要素，它具有其他投入要素的特点，但由于其获取路径多样且具有较强的可替代性，与其他投入要素相比应具体分析。除了结构性顾虑，经营者施加的战略性壁垒也可能会限制市场进入。战略性壁垒与市场现有经营者为了阻止潜在经营者进入市场而有意或无意采取的行动有关，该类壁垒可能由于以下行为而产生：独家交易、掠夺性定价、大规模广告以及折扣等。其中最常见的就是掠夺性定价，即现有经营者将价格设定在成本之下或略高于成本，刻意暂时地不实现短期利润最大化。现有经营者也可以通过制造过剩产能来实现限制定价的相同效果。欧委会在对经营者集中进行审查评估时重点考虑经营者的法律优势、技术优势、结构性优势和经验及声誉等市场进入壁垒。法律优势指限制市场参与

---

① OECD,Policy Roundtable:Barriers to Entry[EB/OL].https://www.oecd.org/regreform/sectors/36344429.pdf,2021-12-01.

② Coate, M. B. Theory Meets Practice: Barriers to Entry in Merger Analysis[J]. Review of Law & Economics,2008,4(01): 183-212.

者的数量（如许可）或设置关税壁垒等，技术优势包括获取特定设备、研发或知识产权的能力，结构性优势是指由规模经济 / 范围经济或网络效应而产生的市场进入壁垒，经验以及声誉优势是指在一些特定市场中，对以往经验的需求是有效参与竞争的关键性因素。在数字经济下，数据优势可能成为一种市场进入壁垒，在评估数据形成的市场壁垒时，同样可以考虑法律优势、技术优势和结构性优势的分析架构：数据因与个人隐私和国家安全相关联而受到政府的关注，是政府规制的敏感地带，2020 年 8 月以来美国政府对 Tiktok 公司的种种管制就是有力的说明；数据在收集、处理及分析对技术水平要求较高，数据技术将给市场进入带来较大的障碍；结构性优势主要指规模 / 范围效应和网络效应带来的优势，而数据引发的规模 / 范围效应和网络效应尤为突出。故将数据优势按照三种优势分开分析还是将数据优势单列为一种优势进行分析值得深入思考。

判断市场进入壁垒是否发生作用，除判断上述壁垒存在之外，还要从市场进入的可能性（Likelihood of entry）、及时性（Timeliness）和充分性（Sufficiency）等三个要素进行判断。可能性是指新进入市场的经营者能够获得充足的盈利；及时性是指市场进入是否足够迅速，是否可以持续地预防和阻止主导经营者实施市场力量，通常认为市场进入只有在两年之内发生才能被认为是及时的；充分性是指市场进入必须具备足够的规模和广度，以预防和阻止集中带来的反竞争效果。[①]笔者认为，以上三要素在数字市场进入分析的适用程度有待商榷，因为上述要素分析主要针对传统意义上的市场力量，没有或者较少考虑重要地位逐渐凸显的数据驱动型市场力量。无论在传统市场上还是在数字市场上，经营者的技术诀窍（Know-How）逐渐集中体现在经营者掌握数据的数量、种类和质量上，拥有数据实力的经营者跨界经营现象屡见不鲜，在一定程度上说明大多数市场进入的可能性呈现显著的上升趋势，在设定具体的可能性判定标准时应考虑数据优势导致市场进入门槛降低这一因素。此外，随着横向一体化经营思想和实践的发展和完善，经营者投放产品或服务到新市场的时间周期在不断地被压缩，加之经营者数据优势的存在，通过市场进入时间属性上的判断应更加谨慎。充分性要素要求市场进

---

① Guidelines on the Assessment of Horizontal Mergers under the Council Regulation on the Control of Concentrations between Undertakings[2004] Official Journal C 31, 05.02.2004, 69-75.

入的宽度和广度,而数据驱动的精准市场定位策略已经成为数字经济的重要特征,它不太看重市场的宽度而更加重视市场的深度,精准界定的客户群体才是其主要的服务对象,市场进入的宽广度是否市场进入充分性的充分且必要条件存疑。另外,经营者的数据优势可以迅速扩大市场规模,如果不给予数据因素充分考虑,市场进入门槛将被界定得虚高。总之,在市场进入壁垒分析时数据优势是一个不容忽略的影响因素,市场参与者或潜在竞争者的数据优势直接影响到对进入可能性、及时性和充分性的判断。

6.1.1.6 买方势力

经济合作与发展组织(OECD)认为买方力量是由于经营者具备作为购买商品或服务一方享有支配地位,或是由于其规模或其他特征而享有战略或杠杆优势,相对于其他买方而言,能够从供应商处得到更好的交易条件。[①] 加尔布雷思认为,一方享有的市场力量(如卖方力量)可能会导致另外一方市场力量的发展(如买方力量),而后者可能会扮演前者的抵消性力量这一角色。在交易谈判过程中,交易双方通过不断开出新的要约和反要约方式了解彼此偏好,达成一个交易价格,实现共同的利润分配。彼此之间不受限制时,买卖双方都会给对方施加一定的影响力,社会或消费者福利受到的损害相对较小,当买卖双方所在市场上都存在一定程度的竞争时,社会福利将实现最大化,在这样的市场上的买方力量被称为抵消性市场力量,因为买方在市场中创建或强化了卖方市场的竞争实力。有学者认为,买方集中是一个有效的抵消性市场力量,即便是对于不受约束的垄断者而言,在面临强大买方力量时也会采取竞争性定价。[②]

买方力量还具有负面影响,根据欧委会的一项研究表明,如果一个买方(买方独家垄断)或一些买方单独或共同(买方寡头垄断)具备影响市场价格的能力,那么为了实施买方力量,就需要满足三个条件:第一,买方的购买量在市场

---

① OECD. Monopsony and Buyer Power [EB/OL]. https://www.oecd.org/daf/competition/44445750.pdf,2021-12-01.

② Engle-Warnick, J.& Ruffle, B. J. Buyer Concentration as a Source of Countervailing power: Evidence from Experi-mental Posted-Offer Markets[DB/OL]. https://papers.ssrn.com/sol3/papers.cfm?abstract_id=310339,2021-12-01.

上占据了很大份额；第二，买方市场存在进入壁垒；第三，供给曲线是向上倾斜的，即随着经营者买入更多单位的投入，就需要更高水平的产出以满足更高的需求，结果导致单位生产成本的提升。①寡头垄断买方会通过降低原材料的购买数量迫使原材料价格降低至竞争水平以下。实施不受控制的买方力量会降低生产设备的有效利用率，影响卖方的可盈利性和存续性，并阻碍新的卖方进入市场，进而给社会福利带来潜在的负面影响。各国反垄断法在很长一段时间内都认为，买方力量和卖方力量都会产生竞争问题，但在经营者集中反垄断分析实践中的重点还是在卖方。随着买方力量引发的案例不断增加，其逐渐成为竞争规制的焦点。在 1995 年欧洲竞争论坛上，很多国家的竞争管理机构都认为买方力量是一个重要的问题，但在当时的反垄断法和竞争法中未有涉及，在是否应当同等对待买方和卖方力量存在争议。②例如，是否适用于衡量卖方力量的市场份额门槛同样适用于对买方力量的衡量？合法与依法取得买方力量的经营者的处理方式是否应该一致？买方力量的概念复杂而模糊，对其进行评估的影响因素无法穷尽枚举，目前理论界认为至少应该包括依赖性、动机、谈判、水床效应和信息非对称性等。

第一，依赖性是指供应商对买方的依赖程度，如果一个供应商依赖于一个买方，买方则具有买方力量，但依赖性损害的量化标准还不明确。美国联邦贸易委员会在 Toys R Us 报告中认为，由于 Toys R Us 占据了排名前十的传统玩具生产商总销量的 29%，具备强大的买方力量，可能给供应商带来严重的经济损害。③卡斯滕森曾建议，"如果一个零售商能够买入全国某几类市场上的 20% 及以上商品或服务数量，该零售商就具备实施重大买方力量的潜能。"④恩德斯特和马扎罗塔建议，对供应商的依赖不仅体现在订单的相对规模上，还取决于订单损失对供应

① European Commission. Directorate-General IV--Competition, Union européenne. Direction Générale Concurrence, Dobson Consulting, et al. Buyer Power and Its Impact on Competition in the Food Retail Distribution Sector of the European Union[M]. Brussels: European Communities, 1999:34.

② Dobson, P. W., Clarke, R.& Davies, S. et al Buyer Power and Its Impact on Competition in the Food Retail Distribution Sector Of the European Union[J]. Journal of Industry, Competition and Trade, 2001, 1(3): 247-281.

③ Federal Trade Commission. In the Matter of Toys' R'Us, a Corporation[R].1997.

④ Carstensen, P. C. Buyer Power and Merger Analysis–The Need for Different Metrics[C].Proceedings of the Workshop on Merger Enforcement Held by the Antitrust Division and the Federal Trade Commission.2004,17 at 13.

商的财务影响上。① 例如，失去订单导致供应商破产，表明供应商对买方有很强的依赖性。虽然买方占据供应商业务量比重较大，但失去业务量的供应商能够迅速找到可替代的其他分销渠道，在依赖性损害分析时应进行个案分析。恩德斯特和谢弗认为，如果买方是一个零售商，而且其在一个特定市场上基本或完全没有面临竞争，那么该零售商就是这一市场的"看门人"，它将有能力行使买方力量，因为供应商除此之外别无选择。②

第二，买方力量的动机。卡斯滕森认为，随着经营者某个生产线上的采购数量逐渐增多，其操纵原料整体价格的动机就会增加。③ 道尔和恩德斯特认为，一个买方可以通过保留在原材料上的自身需求，来降低原料的统一价格。④ 一个强大的卖方能够通过限制供给提升市场原料价格，一个强大的买方可通过保留自身需求来降低原料的整体价格。为了提高需求量，买方更愿意在一起形成买方集团，恩德斯特和马扎罗塔认为，买方集团能够保证需求的稳定和规模，能够更好地保护合同条款，并获益于其他效率性收益。⑤ 买方集团能够担当起最低需求保证人的角色，如果这一最低需求占据供应商所有销售量较大比例时，失去该销售量将给供应商带来较难弥补的损失，与买方集团的交易能够有效地保障供应商的利益不受损害。买方集团能够使买卖双方通过更低的交易成本获取效率利益，不仅有利于供应商还有利于买方集团内部的各个买方，但也会产生低效的后果，如会形成单一买方力量。恩德斯特和马扎罗塔认为，如果市场上有一个更强大的买方，它就占据了与供应商形成共谋的相对优势地位。随着一个买方力量逐渐强大，一个值得关注的问题是，其是否具备保持或提升这种实力的动机，即是否进一步与

---

① Inderst, R.& Mazzarotto, N. Buyer Power: Sources, Consequences, and Policy Responses[J]. Unpublished Manuscript, 2006.

② Inderst, R.& Shaffer, G. Buyer Power in Merger Control[J]. Issues in Competition Law and Policy, 2008, 2: 1611-1635.

③ Carstensen, P. C. Buyer Power and Merger Analysis–The Need for Different Metrics[C].Proceedings of the Workshop on Merger Enforcement Held by the Antitrust Division and the Federal Trade Commission. 2004,17.at 19.

④ Doyle, C.& Inderst, R. Some Economics on the Treatment of Buyer Power In Antitrust[J]. European Competition Law Review, 2007, 28(3): 210.

⑤ Inderst, R.& Mazzarotto, N. Buyer Power: Sources, Consequences, and Policy Responses[J]. Unpublished Manuscript, 2006.

供应商达成共谋。通常认为,买方可以通过迫使卖方将价格降低至竞争水平以下,以对卖方施加市场力量,①即价格是衡量买方势力的主要因素,然而在数字经济下,经营者形成买方集团的动力可能在于数据,希望通过各种方式获得因其能力不足而无法触及的数据资源,据以弥补自身数据规模、数据范围和数据类型等方面存在的不足。这种数据买方力量还可以沿供应链向上形成与供应商的共谋,损害消费者福利。数据共谋更具隐秘性,在数据驱动型经营者集中的买方势力分析中更值得关注。

第三,相对谈判实力。相对谈判实力是体现买方势力的又一重要因素,这里的相对是指买方的力量并非由其实际业务量的大小决定,而是由相对于其他买方而言的订单大小以及供应商的总销售量决定。道尔和恩格斯特认为,买卖双方谈判得出的结果(例如交易折扣幅度)可以用来推断买方力量,②而谈判结果主要受到供应商和买方可获得的外部可选项的影响。外部可选项是指可以从替代选择中获得的利润。例如,买方可以停止与供应商之间的谈判,转而开始与另外一个供应商谈判。对于供应商而言,一个外部可选项可能就是停止谈判,并寻找或适用其他的分销渠道。这些外部可选项可能继而被运用于谈判之中,以试图达成更好的交易。恩德斯特和马扎罗塔构建了一个公式来说明外部可选项与谈判获得利润之间的关系,即谈判所获得的利润等于总利润减去供应商和买方的外部可选项之和,当买方的外部可选项的价值大于谈判所获得的利润时,买方可能会威胁转向其他供应商;如果买方外部可选项的价值小于谈判可提供的份额时,买方威胁转向其他供应商的可能性较小,此时买方更倾向于接受协议。外部可选项的价值能够决定到底是哪一方会获取盈利的最大份额,进而可以判断谈判的实力和影响力。在数据驱动型经营者集中规制审查中,可以借鉴外部可选择项的分析思路,将上述的利润和外部可选项替换为数据指标,构建以数据为中心的外部可选项分析方法。

第四,水床效应是由差异性买方力量导致的。一个买方针对折扣进行谈判的能力将会给其他买方带来影响。这些影响对于其他买方和最终的消费者而言,可

---

① Noll, R. G. Buyer Power and Economic Policy[J]. Antitrust LJ, 2004, 72: 589.

② Doyle, C.& Inderst, R. Some Economics on the Treatment of Buyer Power in Antitrust[J]. European Competition Law Review, 2007, 28(3): 213.

能是积极的也可能是消极的。如果一个经营者获得折扣的能力将会使得其他买方也可以通过谈判获得折扣的话，就会带来积极影响。其内在逻辑是，如果其他买方获悉一个买方已经获得折扣的话，那么供应商的谈判地位就会被削弱，因为在以相同合同条款进行谈判时，给一个买方折扣后，对其他竞争买方进行额外让步的成本降低了。[①] 如果买方在下游市场上面临竞争，这一低价将被传递下去，消费者因此受益。产生消极影响的内在逻辑在于，对于其他买方和最终当一个买方在谈判中成功获得折扣时，供应商很可能通过提高给其他买方的价格来进行弥补，而面临更高购买成本的买方或将提高的成本转嫁给消费者，或因成本导致的竞争劣势，导致减少产品或服务的多样性或直接退出市场，最终损害消费者利益。水床效应的强弱及其最终会对消费者产生积极影响还是消极影响并没有一致的定论，需要基于价格歧视为基础进行个案分析。多布森和恩德斯特认为，如果各种规模的买方之间已经存在较大价格歧视，那么水床效用将会非常明显，因为强大的买方在获取折扣方面越成功，较弱的买方获益的可能性就越小，价格差异就会越大，进而给消费者带来的潜在危害就越大。[②] 欧盟学者认为，欧盟运行条约第102条适用分析水床效应，而适用该法条的必要条件是采取价格歧视行为的供应商必须具备非常强大的市场力量。

第五，信息非对称性影响谈判的效果。如果供应商的成本非常低，但买方并不知道这一点，那么这就会使供应方处于一个更强势的地位。在拒绝一个买方开出的价格之后，供应商能够隐藏在承担更高成本的其他供应商背后，以等待买方开出更高的价格。

6.1.1.7 效率和重组抗辩

经营者通过生产合理化、规模经济和范围经济、技术进步以及增强买方力量

---

① Dobson, P. W.& Inderst, R. Differential Buyer Power and the Waterbed Effect: Do Strong Buyers Benefit or Harm Consumers?[J]. European Competition Law Review, 2007, 28(7): 393.at 8.

② Dobson, P. W.& Inderst, R. Differential Buyer Power and the Waterbed Effect: Do Strong Buyers Benefit or Harm Consumers?[J]. European Competition Law Review, 2007, 28(7): 393.at 10.

可以获得效率。[①] 关于经营者集中反垄断的效率分析始于 1968 年，威廉姆森认为经营者集中能够提高效率的同时也能消除竞争，减少市场上经营者的数量，不利于消费者福利和效率目标的实现。经营者集中的反垄断法规制始终在效率与竞争之间以及效率与福利目标（消费者福利或总福利）之间寻找着平衡点。效率抗辩是指如果一项经营者集中所带来的效率收益超过或可以抵消集中对竞争的减损，那么即便会损害竞争，该项集中也会被通过。关于横向经营者集中的效率抗辩，竞争执法机构在立法层面上和实践层面上始终持谨慎态度。在评估效率因素时，竞争执法机构以效率的及时性、可证实性和传导性特征作为效率抗辩的认定标准。与横向经营者集中相比，欧委会对于非横向集中的效率抗辩保持着开放的态度。2008 年发布的《非横向并购指南》第 13 条中规定："纵向集中和混合集中为效率提供了巨大的空间。纵向集中和特定混合集中的一个特征是，集中参与方的产品或服务是互补的。将互补的产品或服务合并在单一经营者之内，可能会产生重大效率，并给竞争带来益处。"产品或服务从生产商到消费者的多次定价提高了成本，非横向集中能够通过移除外部定价的需求，带来更为高效的结果。如果投入市场和产出市场上均不存在完全竞争环境，那么产出价格就会高于竞争水平，而且甚至有可能会高于垄断水平，因为边际投入成本被加价两次，一次来自投入供应商，而另一次则来自生产商。换言之，如果一个经集中产生的经营者能够高效地为其自身提供投入，并与一个提供各种投入的供应商进行纵向集中时，就可以通过消除双重加价中的一重降低产出价格。在 Procter & Gamble/ Gillette 混合并购案中，[②] 交易方称，集中带来产品组合范围的扩大，进而产生的效率会给消费者带来利益。效率体现在，例如通过只同一个相对方进行谈判，供应商具备更加强大的创新能力、规模经济和范围经济效应。欧委会认同其说法，认为由于存在具备强大产品组合的竞争对手，而且零售商也拥有强大买方力量，所以不太可能产生捆绑行为造成的反竞争封锁效应，因此交易方产品组合的扩展会使得零售商和消费者获益。数据驱动型经营者集中能够产生效率毋庸置疑，但它能否得

---

① Luescher, C. Efficiency Considerations in European Merger Control-Just Another Battle Ground for the European Commission, Economics and Competition Lawyers?[J]. European Competition Law Review, 2004, 25(2): 72-86.

② Case No COMP/M.3732 - PROCTER & GAMBLE/ GILLETTE.

数据驱动型经营者集中与反垄断法规制

到竞争执法机构的豁免还需要从效率的及时性、可证实性和传导性三个方面进行深入分析：①及时性。一些数据驱动型经营者集中具有战略性意图（例如 Killer Acquisitions），其目的在于阻止可能颠覆现有商业模式的破坏性创新，拖延破坏性创新转化为实际生产力的时间。因此，只有能够及时带来社会总福利水平提升的经营者集中才具有真正的效率，才能成为抗辩的理由。②可证实性和传导性。数据驱动型经营者集中的量化表现能力更为突出，一方面得益于数据本身的可量化程度高，另一方面得益于大数据行业技术的创新与发展。依托以上两点优势，能够量化判断某项经营者集中是否带来消费者福利水平的提升，以及如何影响消费者福利和生产者福利之间的比例关系变化，进而证实经营者集中效率之所在。

重组通常是破产程序的一部分，指全部或部分拆除并重整一个经营者的行为。重组的可选手段很多，对于处于困境中的经营者，与其他经营者进行集中是脱困的一种战略性选择。[①]美国最高法院在 United States v. Gen. Dynamics Corp. 案中认为，私人当事方、股东和债权人三方都会获益于濒临破产经营者的集中行为，股东的投资不大可能会遭到损失，而且如果并购被证明是具有盈利性时，还可能会因此获益；债权人也将会通过保持其针对债务人的债权而受益，如果公司进入破产程序，债权人很可能无法完全实现自身的债权。[②]欧委会与欧洲法院在破产抗辩中一致认为，在竞争激烈的市场中，涉及濒临破产企业的经营者集中可通过重新部署产能实现更高的社会价值、维持就业及其他有利于社会利益的优势，进而促进社会整体福利的实现。[③]拟集中交易方在提出破产抗辩时应满足两个条件：一是参与集中的一方或双方由于财务危机而濒临破产；二是集中行为预期会给现有市场竞争带来的影响是中性的。欧委会在 Kali und Salz 案的决定中详细地论述了破产抗辩的概念以及确定集中与竞争结构恶化之间因果关系的三个标准：①面临财务危机的经营者如果不被收购，将在不久的将来被迫退出市场；②若被集中方退出市场，拟集中方将会获得其市场份额；③并不存在其他对竞争

---

① D.A. VALENTINE, Horizontal Issues: What's Happening and What's on the Horizon[R].https://www.ftc.gov/public-statements/1995/12/horizontal-issues-whats-happening-and-whats-horizon,2021-12-01.

② United States v. Gen. Dynamics Corp. - 415 U.S. 486, 94 S. Ct. 1186 (1974)

③ Hewitt,G. The Failing Firm Defence[J],Journal of Competition Law and Policy,1999,1(2):113-115.

影响更小的可选交易。如果上述三个标准同时满足，则可证明拟实施的经营者集中与市场竞争结构的恶化之间不存在因果关系，就会认定该集中行为不会给欧盟共同市场上的有效竞争造成严重损害。[①]数据驱动型经营者集中能够充分发挥重组的优势，防止经营者进入破产环节而导致更大的损失。它能够整合并优化集中当事人包括数据在内的各方面资源，使多方受益。

6.1.2　数据驱动型经营者集中的审查困难

6.1.2.1　数据驱动型网络效应直接或间接影响竞争审查

从经营者的角度看，它们往往希望自己提供的产品或服务能够产生网络效应。网络效应不是数字经济下的新鲜事物，在传统经济下，经营者已经借助直接和间接网络效应吸引更多消费者使用其产品或服务，提高其市场竞争力。从消费者的角度看，随着使用特定产品或服务的消费者群体的不断扩大，每个消费者获得的效用也就越大。网络效应似乎能够给消费者和经营者带来双赢的局面。而从竞争规制的角度来看，在具有网络效应的市场上，经营者之间虽然存在相互竞争，但这类市场明显具有集中度持续提升的动态特征，容易形成垄断的市场结构。传统网络效应的经营者集中竞争分析逻辑是，如果网络效应足以产生相关市场的进入壁垒，那么它将成为被禁止的理由之一。然而数据驱动型经营者集中竞争审查分析并非止于此。数据带来的网络效应称为数据驱动型网络效应，主要有三种：数据规模效应、数据范围效应和数据溢出效应。当数据积累达到一定规模以后，数

---

① Commission Decision of 14 December 1993 Relating to a Proceeding Pursuant to Council Regulation (EEC) No 4064/89 (Case No IV/M.308 - Kali- Salz/MdK/Treuhand. 该案涉及 Kali und Salz、Treuhand 和前民主德国的一家国有企业 MdK 之间关于岩盐和钾盐经营活动的集中，拟集中经营者将获得钾盐产品 98% 的市场份额，导致垄断。MdK 的经营情况严峻，处于破产边缘，原因在于公司的运营结构不合理以及东欧市场的崩溃而导致的销售危机，MdK 面对危机又不具备及时调整营销渠道的能力。欧委会在对拟进行的集中案件进行评估时检验了破产抗辩条件：首先，如果没有具备管理技术的私人行业合作伙伴进行收购且不能产生协同效应的话，拯救 MdK 基本是不可能实现的，MdK 很快就会被迫退出市场，其市场份额还是会被 Kali und Salz 获得，因为德国钾盐市场本身的结构性因素使其他国家的竞争者无法进入德国市场，Kali und Salz 无需额外成本就可以提升其钾盐产量，成为德国市场上的独家供应商。

数据驱动型经营者集中与反垄断法规制

据规模效应才能真正发挥作用，这一规模被称为数据阈值。经营者为了积累数据达到这一阈值水平需要大量时间和成本的投入，它是形成市场进入壁垒的根源所在。数据规模效应与数据范围效应形成的联动机制又进一步地提升了市场进入的难度。与数据规模效应和数据范围效应相反，数据溢出效应能够在一定程度上缓解市场进入的难度。因此，数据驱动型网络效应使得市场进入壁垒审查变得更加复杂，需要竞争执法机构针对个案特点进行具体分析。此外，数据驱动型网络效应对传统单边、协调和封锁审查的影响也应引起经营者集中规制的足够重视。

6.1.2.2 质量因素对于经营者集中竞争审查意义凸显

目前理论界讨论较多的竞争审查非价格因素主要有产品或服务质量、品种、便捷性、创新潜力等。[①]对于提供数据相关产品或服务的经营者而言，对消费者个人信息的保护程度是消费者能够感知到的重要的产品或服务质量之一。

数据作为客观世界的一种表现载体，蕴含着大量价值信息。当海量、多维度和蕴含价值的数据被迅速地收集和分析，理解、预测甚至操纵消费者关注和消费什么、与何人社交等个人隐私活动成为可能，进而引起了严重的隐私和消费者保护关切问题。在最高人民法院《关于审理利用信息网络侵害人身权益民事纠纷案件适用法律若干问题的规定》的司法解释中，首次将"自然人基因信息、病例资料、健康检查资料、犯罪记录、家庭住址、私人活动"明确为"个人隐私和其他个人信息"，从中可以看出个人信息的概念涵盖范围要大一些，涵盖了隐私概念。我国关于个人信息的完整法律内涵成形于《网络安全法》，并在最高人民法院和最高人民检察院《关于办理侵犯公民个人信息刑事案件适用法律若干问题的解释》的司法解释中对公民个人信息进行了明确的界定。此间可以提炼出可识别性和关联性两大个人信息判断的标准，即一切可识别的个人或与个人有关的各种信息，均属于法律意义上的个人信息。2021年颁布和实施的《个人信息保护法》基本

---

① 张媛筑. 竞争法上使用数据之应有定位与可能造成之影响 [J]. 公平交易季刊, 2018, 26（04）: 125-164；
Organisation for Economic Co-operation and Development (OECD). The Role and Measurement of Quality in Competition Analysis[R],28 October 2013, p.5；
杨东，臧俊恒. 数据生产要素的竞争规制困境与突破 [J]. 国家检察官学院学报, 2020, 28（06）: 143-159；
郭玉新. 论数字科技企业纵向合并的反垄断法规制 [J]. 甘肃政法大学学报, 2020（06）:53-64.

上沿用了上述司法解释对个人信息的定义，在其第四条中将个人信息定义为：以电子或者其他方式记录的与已识别或者可识别的自然人有关的各种信息，不包括匿名化处理后的信息。此外，在本法第二章第二节提出了敏感个人信息的法律概念，敏感个人信息是一旦泄露或者非法使用，容易导致自然人的人格尊严受到侵害或者人身、财产安全受到危害的个人信息，包括生物识别、宗教信仰、特定身份、医疗健康、金融账户、行踪轨迹等信息，以及不满十四周岁未成年人的个人信息。上述定义与最高人民法院《关于审理利用信息网络侵害人身权益民事纠纷案件适用法律若干问题的规定》中关于个人隐私信息的界定范围趋同，表明我国从法律层面上已经厘清了个人隐私和个人信息之间的关系，即个人隐私是个人信息的一部分，从某种意义上说，《个人信息保护法》至少是保护部分个人隐私的一部法律。

　　反垄断法是否应该保护个人隐私与个人隐私保护能否成为经营者集中审查因素直接相关。如果反垄断法保护个人隐私，那么意味着将个人隐私保护纳入经营者集中竞争审查就具有合理性，但目前反垄断法是否应该保护个人隐私在理论界仍然存在争议。主流的肯定观点认为个人隐私是产品质量的维度之一，更好的个人隐私保护意味着更高的产品质量，而竞争能够提升产品质量，所以保护竞争的反垄断法应该保护个人隐私。[1]有学者从分析个人隐私和消费者福利之间的关系出发，认为个人隐私是消费者福利的组成部分，而消费者福利是现代反垄断法的主要目标之一，所以反垄断法也应保护个人隐私。[2]还有学者论证了个人隐私和市场进入壁垒之间的关系，认为隐私和个人数据密切关联，经营者拥有的个人数据在数量和质量上的优势能够形成市场进入壁垒，个人隐私保护也能构成市场进入壁垒。[3]持反对观点的学者认为，获得用户的个人数据就一定对用户有害的观

---

[1] Stucke, M. E.& Ezrachi, A. When Competition Fails to Optimize Quality: A Look at Search Engines[J]. Yale JL & Tech., 2016, 18: 70；Grunes, A. P. & Stucke, M. E. No Mistake about It: The Important Role of Antitrust in the Era of Big Data[DB/OL]. https://ssrn.com/abstract=2600051,2021-12-01；Pasquale, F. Privacy, Antitrust, And Power[J]. Geo. Mason L. Rev., 2012, 20: 1009.

[2] Swire, P. Protecting Consumers: Privacy Matters in Antitrust Analysis[J]. Center for American Progress, 2007, 19(10): 07.

[3] Newman, N. Search, Antitrust, and the Economics of the Control of User Data[J]. Yale J. on Reg., 2014, 31: 401.

点本身，淡化了互联网企业获得这些数据后对用户提供的有益用途。[①]而且由于消费者对个人隐私有不同的主观偏好，不应该由竞争执法机构强加统一的偏好。[②]国内学者针对上述主流的肯定观点提出了反对意见，认为反垄断法与个人隐私保护之间的关联性来自隐私保护被视为产品质量的一个维度，按照反垄断的理论逻辑，竞争能够促进产品质量的提升，因此也就能够推动个人隐私保护的加强。然而竞争在个人隐私保护上存在局限性，故而很难成为反垄断法的重要分析因素。这种局限性体现在：一方面，个人隐私保护质量的下降并没有直接降低平台经营者的成本。因为为了搜集信息，经营者需要在编码或服务器空间上消耗资源，收集和使用额外的消费者数据实际上可能会增加成本，而通常产品的质量下降往往都意味着更低的成本。另一方面，经营者的服务器上只有额外的消费者信息存储，并没有直接因此获得额外的利润。经营者必须还要采取一些行动，将消费者减少的个人隐私转化为自己的收入。[③]上述分析的基本逻辑是经营者对个人隐私保护的弱化所引发的成本、利润变化有别于传统产品质量下降与成本、利润的关系，因此个人隐私保护不是竞争的质量因素。笔者对此持不同观点：首先，经营者降低个人隐私保护水平后，消费者可能会放弃经营者的产品或服务，数据流量的减少实质上导致了包括存储成本在内的数据管理成本的下降；其次，在传统经济下，产品质量下降带来经营者利润增长这一命题值得商榷，这一命题属经济学范畴，在此不做深入讨论，在此假设这一命题成立。在这样的前提下，笔者认为，数据除了能够产生直接利润外，主要给经营者带来的是间接利润，即在一个相关市场上数据可能是单纯的成本投入，而在另一个相关市场上则能够产生利润。因此，经营者对个人隐私保护的弱化与传统市场上产品质量下降引发的成本、利润的变化趋同，并无区别。此外，笔者还认为，个人隐私保护已经成为我国乃至世界各国整体的立法价值对象，不应只受个人隐私专门法律的保护，包括反垄断法在内的相关法律也应承担起对个人隐私保护的责任。

在经营者集中规制中，因为价格具有形式简单、明确且可量化的特点，一直

---

① Cooper, J. C. Privacy and Antitrust: Underpants Gnomes, the First Amendment, and Subjectivity[J]. Geo. Mason L. Rev., 2012, 20: 1129.

② Grunes, A. P. Another Look at Privacy[J]. Geo. Mason L. Rev., 2012, 20: 1107.

③ 李剑. 互联网反垄断能促进数据隐私保护吗?[J]. 商业经济与管理. 2021（05）：85-97.

是竞争审查的核心要素。近年来，随着免费商业模式的出现，以质量为核心的经营者集中审查要素逐渐引发竞争执法机构和理论界的关注。在数字经济下，消费者更加重视个人信息的保护，将其视为产品或服务质量的重要组成部分。个人信息保护成为消费者在选择经营者提供的产品或服务时的重要考量因素之一。经营者为了获得消费者的"青睐"，逐渐将个人信息保护作为提高其产品或服务质量的一种必要手段，经营者之间的竞争也围绕着个人信息保护而展开。《个人信息保护法》明确了我国公民拥有个人信息使用的同意权、可撤销权，个人信息处理的知情权和决定权，个人信息的查阅权、复制权、更正补充权和删除权等个人信息权益，它在保障消费者的个人信息不受非法侵害的同时，也给经营者通过个人信息保护获取市场竞争优势提出了更高的要求，而我国的竞争执法机构也应积极应对，将其纳入经营者集中反垄断法规制的框架中来。

此外，竞争执法机构在针对不同相关市场上提供的不同类型产品或服务实施竞争审查时，需要不断拓展审查的质量因素空间，并对诸多质量因素进行取舍，特别是在数据驱动型经营者集中的竞争审查中如何进行选择也是一个值得思考的问题。

6.2　数据驱动型经营者集中的网络效应审查

6.2.1　数据驱动型网络效应的概念

网络效应是指使用某种产品或服务的用户越多对于单个用户的价值就越大，体现了用户规模与用户价值之间的正相关性，[①]分为直接网络效应和间接网络效应。数据驱动型网络效应是从网络效应概念的基础上延伸而来，目前并没有统一的界定，一种可能的定义是：当经营者提供的产品及服务的价值随数据数量和种类增多而提升，且消费者对产品及服务的使用增多会产生更多数据时，就产生了数据驱动型网络效应。消费者和经营者因供需关系形成了网络结构，网络内每个

---

① Rohlfs, J. A. Theory of Interdependent Demand for a Communications Service[J]. The Bell Journal of Economics and Management Science, 1974: 16-37.

节点（消费者）都为中心节点（经营者）提供有用的数据，随着消费者数据的不断聚合增长，经营者有机会创新和改造产品及服务，使每一位消费者获得的价值也随之提高。一般认为，如果数据确是产品及服务给用户带来价值的关键因素，那么该产品及服务市场上的数据驱动型网络效应可能非常强大；如果数据只是产品及服务的边缘属性，则数据驱动型网络效应在相关市场上就不太重要了。

6.2.2　数据驱动型网络效应的类型

目前理论界讨论较多的数据驱动型网络效应主要有三种，分别是数据规模网络效应、数据范围网络效应和数据溢出网络效应，它们由数据的规模特征和范围特征引发：当同种类型的数据积累到一定数量水平时，其规模价值得以体现，是为数据规模网络效应；当不同类型数据的结合和使用产生协同作用时，其范围价值得以体现，是为数据范围网络效应。数据规模、范围网络效应的正向作用效果给经营者和消费者以外的第三方带来的正外部性效应，是为数据溢出网络效应。

6.2.2.1　数据规模网络效应

数据规模网络效应是指用户在使用产品过程会主动或被动地提供给经营者数据，经营者获得数据量越大越有利于提升产品质量，产品对其他用户也更具吸引力，经营者将拥有更多数据进一步改进产品，该产品对潜在用户则更有吸引力，这样的良性循环是由数据规模收益递增效应带来正反馈回路。正如经合组织发现的那样，数据积累能够显著提升数据驱动型服务水平，进而吸引更多用户，带来更多可搜集的数据。这种正反馈使得强者更强、弱者更弱，导致极端的结果。[1]以搜索引擎市场为例，其市场进入壁垒已经很高。[2]例如，2010 年微软投入 45 亿美元开发算法以及构建运营自己的搜索引擎产品所需的设施设备，而时至今日其在搜索引擎市场上的竞争优势并不明显。除了雄厚的资金基础和技术人才的储备之外，缺乏试错实验所需的规模是又一个市场进入壁垒。这里的试错实验是指搜

---

[1]　OECD. Data-Driven Innovation for Growth and Well-Being: Interim Synthesis Report[R], October 2014:29.

[2]　FTC, Bureau of Competition, Report re Google Inc[R],2012:8-76.

索引擎根据用户输入的关键词以及选择打开的链接，不断地修正提供给用户的搜索结果，根据用户的偏好调整搜索结果链接的排列顺序。越多人越多地使用搜索引擎进行搜索，搜索引擎算法就能进行越多次预测消费者偏好的尝试，搜索引擎收到越多出错反馈，越能够迅速校准其提供的结果。① 而市场的新进入者拥有较少的实验机会，纠错机会较少，观察后续出错及识别趋势的机会也较少，识别哪些链接能够满足消费者需求的能力较弱，市场新进入者在吸引消费者方面也就处于竞争劣势。② 因此，欧委会在 Microsoft/Yahoo! Search 合并案中将数据规模认定为经营者成为有效竞争者的一个重要因素。③

6.2.2.2　数据范围网络效应

数据范围网络效应是指经营者利用自身跨平台（即针对目标用户的多渠道数据来源）的数据种类提升产品或服务的质量，从而吸引更多用户，这又为经营者提供了更多数据，进一步改进产品。用户越是依赖经营者平台上的多项服务，平台收集到的有关具体用户的个人数据种类就越多，经营者也就越能细化用户需求，提供个性化服务。数据范围网络效应使数据规模网络效应的试错效应升级为预测性试错效应，即利用经营者的多渠道数据来源，收集多种类个人数据，预测用户个人偏好。预测性试错效应进一步放大了数据驱动型网络效应。如上所述，竞争执法机关已经认定数据规模是影响经营者成为有效竞争者的一个重要因素，因此数据范围也应成为数据驱动型经营者集中市场进入壁垒分析的重要影响因素之一。

6.2.2.3　数据溢出网络效应

溢出效应是指一个组织在进行某项活动时，不仅会产生活动所预期的效果，

---

① Lohr, S. Can These Guys Make You "Bing" ?[N].New York Times,31 July 2011:3.

② Transcript from Remarks from the Conference Call Held by Steve Ballmer, Chief Executive Officer, Microsoft , and Carol Bartz, Chief Executive Officer, Yahoo!. to Announce the Search Engine Agreement Between Yahoo! and Microsoft, Microsoft News Center. 29 July 2009.

③ Microsoft/Yahoo! Search Business (Case Comp/ M. 5727). Commission Decision C (2010)1077, 18 February 2010. para 153.

而且会对组织之外的人或社会产生的影响。[①]在传统平台经济中，如报纸、商业广播电台、电视台等传统媒体行业中，一边客户从平台获得的价值随着另一边客户数量的增加而增加，如果平台可能接触到更多潜在买方，它对广告主而言就更有价值。如果更多广告主被吸引到该平台，它对想要购物的用户而言也更有价值，因为该用户更有可能看到相关的广告。平台的双边性对经济分析结果产生实质影响的程度，往往取决于这些间接网络效应的强度。[②]在数字经济中，个人数据放大了网络溢出效应。OECD认为，数据的再利用带来了巨大的规模收益和范围收益，对市场一边的企业带来正反馈回路，进而强化另一边（或其他边）的成功。[③]

6.2.3　经营者集中的数据网络效应因素审查

笔者认为，数据驱动型网络效应能够对经营者集中审查产生直接和间接的影响。

6.2.3.1　数据驱动型网络效应直接影响市场进入壁垒的形成

美国关于市场进入壁垒的法律分析依据集中在2010年《横向合并指南》的第9章，该指南认为，随着市场集中度的提高，市场上经营者数目的减少，主要经营者之间的关系转化为势均力敌的对手。在这种情况下，经营者之间达成合谋的成本和费用就相对于市场充分竞争时要小得多，在一定的市场条件下这种经营者合谋以减少产量、提高价格就成为可能。高度集中的寡头市场结构具有催生经营者之间协调减少竞争的可能性。该指南分析了容易达成协调的市场条件和那些能够发现经营者背叛协调和报复背叛者的市场条件，从而为协调效应的反竞争效果分析提供了框架。

欧盟关于市场进入壁垒的法律分析依据主要集中在其《横向合并指南》第6章之中，及时性、可能性和充分性三个因素是其市场进入分析的基础，重点分析是否存在法律优势、技术优势、结构性优势和经验及声誉等市场进入壁垒对竞争

---

① 溢出效应 [EB/OL]. http://baike.baidu.com/view/1106374.htm,2021-12-01.

② OECD, Policy Roundtables : Two-Sided Markets[R], 2009:29.

③ OECD, Data-Driven Innovation for Growth and Well-Being: Interim Synthesis Report[R], October 2014:29.

的影响。

我国关于经营者集中竞争分析的规定集中于《反垄断法》第 27 条和《经营者集中审查暂行规定》第 24 条之中，没有按照欧美日等国将市场进入壁垒分析单列成章，而是直接列举了影响竞争分析的主要因素。2021 年发布的《平台反垄断指南》对《反垄断法》第 27 条和《经营者集中审查暂行规定》第 24 条进行了细化，列举了市场进入壁垒的可能类型，并指出判断相关市场是否存在进入壁垒时，应充分考虑市场进入的可能性、及时性和充分性。从中可知，我国的市场进入壁垒分析思路与欧盟趋同，即以市场进入的可能性、及时性和充分性为尺度，分析各种可能的市场进入壁垒类型是否产生损害竞争的影响。

6.2.3.1.1　形成市场进入壁垒的数据驱动型网络效应

为了获得数字平台上的产品或服务，消费者主动或被动提供数据，经营者凭借数据规模效应能够提升产品或服务质量，该产品或服务就对其他消费者更具吸引力，经营者将拥有更多数据进一步改进产品或服务，该产品或服务对潜在用户则更有吸引力。与传统网络效应的消费者使用产品或服务人数的增加带来效用的增加不同，数据规模效应则是越多的消费者使用经营者的平台产品或服务，它便可进行更多次的"试错实验"，完善平台产品或服务的算法，进而更好地获知消费者偏好，提供更加贴心的平台产品或服务，进而可能吸引其他用户使用该平台产品或服务。一般认为，经营者积累的数据只有达到一定的阈值时，数据规模效应才能发挥正反馈作用。数据阈值具有动态性和相对性的特点：所谓动态性是指阈值水平随时间推移具有上涨的趋势，所谓相对性是指在某一相关市场上的阈值水平并不固定，而是由市场领先者决定的。数据阈值水平可能形成市场进入数据壁垒，因为虽然数据是"无处不在，人人皆可获得"的，但由于采集及分析成本、数据获取渠道受限等原因，经营者积累数据达到阈值水平并不是一件轻松的事情，故市场进入的数据壁垒客观存在。笔者认为，在经营者集中竞争分析时，应对相关市场的数据阈值水平和集中后的数据集中度水平进行评估，判断集中后相关市场的数据竞争结构是否发生改变以及是否能够形成市场进入的数据壁垒。数据范围效应是指经营者利用自己拥有的跨平台数据种类优势提升产品或服务的质量，从而吸引更多消费者使用其产品或服务，消费者为经营者提供越多类型和数量的

数据驱动型经营者集中与反垄断法规制

数据，经营者越可以对消费者的需求精确定位而进一步改进自身的产品或服务。数据规模效应有助于数据数量的积累，数据范围效应有助于数据种类的积累，且二者之间存在联动机制，即数据联动。它能够带来数据超级递增效果，导致数据范围效应收益递增。数据联动是实现数据情景化的一种手段，相比于独立数据集简单的加和，是能够获得更大价值的源泉。① 具体而言，数据联动可以通过数据范围效应对数据规模效应"试错实验"的改造升级实现，升级为"预测性试错"，即利用经营者跨平台数据收集能力获取关于消费者更多种类的数据，预测消费者的个人偏好。消费者在经营者平台上花费的时间越多，经营者能够了解到消费者的个人偏好也就越多，更有利于提升产品或服务的质量。从某种意义上讲，数据驱动型经营者集中是消费者数据在数量和种类上的集中，在数量上的集中可使数据数量达到阈值水平，进而产生数据规模效应；在种类上的集中可产生数据范围效应，进而触发数据联动机制。数据规模效应、数据范围效应和二者之间的联动机制是数据驱动型经营者集中规制研究的重点，它们因行业类型差异和行业发展阶段差异对相关市场竞争的影响程度而不同，数字化行业比传统行业受影响大，处于成熟期的行业比处于成长初期的行业受影响大。因此无法形成竞争分析的统一标准，只能根据具体情况进行个案分析。数据溢出效应也称为数据外部性效应，是指多边平台一边的数据增长，被平台其他边的经营者利用，去改善其产品或服务，进而吸引更多的消费者、广告主和供应商的关注。数据溢出效应的核心是数据再利用带来巨大的规模收益和范围收益，它为市场一边的经营者带来数据正反馈收益的同时强化了其他边经营者的收益。② 数据溢出效应增强了经营者对数据的可获得性，具有一定缓和市场竞争的作用，对市场进入数据壁垒的形成和经营者市场支配地位的形成具有负向作用。综上，笔者认为数据网络效应对市场进入壁垒的影响，在产生机理、作用范围和影响程度上与传统网络效应存在较大差异，应从个案特征出发进行分析。在数字经济下，以上三种网络效应对市场进入壁垒的形成影响较大，是竞争审查时不得不直接面对的影响因素。

---

① OECD. Data-Driven Innovation for Growth and Well-Being: Interim Synthesis Report[R],October 2014:29.

② OECD. Data-Driven Innovation for Growth and Well-Being: Interim Synthesis Report[R],October 2014:30.

6.2.3.1.2　数据驱动型网络效应形成市场进入壁垒的审查分析

欧委会和美国都认为，除属本身违法的垄断行为以外，反垄断竞争分析需要考量市场进入的难易程度，市场进入分析构成总体竞争评估的一项重要因素。如果市场进入足够容易，经营者集中行为则不大可能带来任何显著的反竞争风险。[①]如果竞争者能够及时（时间在两年以内）、可能（新进入者可能获利）且充分（新进入者业务量充足）地进入某一相关市场，证明该市场的进入壁垒相对较低，市场中具有优势竞争地位的经营者无法长时间行使市场力量。[②]按照市场进入壁垒的传统分析因素，包括市场份额及集中度、价格、技术和阻止用户转换供应商的约束条件等，容易让人得出数据驱动型市场进入壁垒较低，没有进行干预必要的结论。欧盟普通法院在思科案中认为，一个新兴和迅速成长的行业，具有创新周期短的特点，高市场份额无法持续保持。因此，在动态竞争的环境下，高市场份额并不一定表明市场势力，此类集中不一定带来持久性竞争损害。关于免费及负价格，欧盟普通法院认为，只要用户期待免费服务，集中后的新实体定价的自由空间将大大限制，任何试图向用户收费的举动都将存在经营者提供的服务吸引力降低的风险，收费是一种鼓励用户转向其他免费提供服务的供应商的行为。如果竞争性市场提供负价格，免费则将意味着超竞争价格。关于技术，欧盟普通法院认为，数据驱动型经济中的技术已经实现标准化，经营者无须花费过多时间及投资即可推出一个竞争性产品或服务。欧盟普通法院也没有发现任何"技术或经济约束"，因为用户的操作装置可以下载多个通信应用，并且这种软件免费、容易下载且占用很小硬盘空间。[③]然而，从欧委会对谷歌发出的反对意见书来看，[④]即使在欧盟内部也并非完全赞同上述论断。如果只关注传统进入壁垒，执竞争法机构很有可能遗漏了其他重要的进入壁垒，例如数据驱动型网络效应。

数据驱动型网络效应对于市场进入壁垒的直接影响体现在：首先，数据只有

---

① United States of America, Appellee v. Microsoft Corporation, Appellant, 253 F.3d 34 (D.C. Cir. 2001) and EC Horizontal Merger Guidelines [2004] OJ C 31/03, para 68.

② US Department of Justice(DOJ)and Federal Trade Commission(FTC),Horizontal Merger Guidelines,2010:9.

③ Case T - 79. 12 Cisco Systems Inc v Commission, ECLI: EU: T: 2013 : 635, 11 December 2013,para 69. and para 73.

④ European Commission. Fact Sheet: Commission Sends Statement of Objections to Google on Comparison Shopping Service[R], 2015.

达到一定量的积累才能显示出规模优势，而形成数据规模需要付出极大的时间和投资代价。因此，经营者为了得到数据规模网络效应的投入可以作为判定数据驱动型市场是否存在壁垒的一个因素。其次，由静态规模形成的数据网络效应对于经营者取得市场力量影响有限，只有构建动态的试错机制，数据规模才能真正发挥网络效应，因此保证试错机制正常运转的投入是数据驱动型市场进入的又一壁垒。再次，数据驱动型范围效应支持试错机制进一步升级为预测性试错机制。多渠道数据来源是预测性试错机制有效运转的必要"原料"，数据范围网络效应又为多渠道数据来源提供了保障，数据驱动型范围效应、多渠道数据和预测性试错机制三者之间形成的逻辑链条是考量数据市场进入壁垒另一个思路。最后，在考量数据溢出网络效应对市场进入壁垒形成的负向影响时，间接网络效应是形成数据溢出网络效应的直接原因，应从间接网络效应入手，重点考查个人数据对间接网络效应的放大作用，进而判断数据溢出网络效应对于市场进入壁垒的弱化程度。总之，数据规模和范围网络效应为数据相关市场设置了静态进入门槛，虽然数据溢出效应在一定程度上降低了这一门槛高度，但从总体上看，数据相关市场的静态进入壁垒仍然很高，而集中后的经营者通过协调效应和封锁效应又在一定程度上动态地推高了这一壁垒，具体表现在：集中后的相关市场上的经营者为了维持竞争现状，通过明示或暗示的协调效应，如统一算法，或者通过封锁潜在竞争者获取相关市场上的特定数据资源，排除和阻碍潜在竞争者进入。

6.2.3.2 数据驱动型网络效应对单边、协调等效应的间接影响

在传统经济下，世界各国竞争执法机构针对经营者集中的横向集中、纵向集中以及混合集中三种类型分别设定了规制的原则和制度。由于数据具有较强的"竞争穿透力"，近年来的数据驱动型集中案例多呈现纵向和混合的类型特征，一个集中案例影响着横向、纵向和混合市场的竞争态势。在传统经济下，无论是横向、纵向还是混合经营者集中审查都围绕着单边效应、协调效应和封锁效应对竞争的影响展开，[①]三者构成了经营者集中审查的基本框架。

---

① 袁波. 大数据领域的反垄断问题研究 [D]. 上海：上海交通大学，2019：232.

6.2.3.2.1　对单边效应的间接影响

单边效应是指集中行为导致集中后经营者获得某种垄断力量，使其可以不考虑竞争对手的反应，而单方面从事排除、限制竞争的行为，包括抬高价格、降低产量、减少创新等。笔者认为，数据作为数字经济下的核心竞争要素，由其产生的数据驱动型网络效应可能是一种垄断力量的存在，它能够阻断市场上其他竞争者获取经营所需数据资源的渠道，或者使其他竞争者所积累的数据资源无法达到数据规模和种类的阈值水平。

6.2.3.2.2　对协调效应的间接影响

协调效应是指集中导致市场竞争者之间意思联络的成本降低，诱发联合排除、限制竞争的行为。笔者认为，由于数据规模和范围网络效应的形成需要大量的成本投入，并非所有竞争者能够在短时间内具有这种实力，故在实施了数据驱动型经营者集中的市场上竞争者数量骤然减少，容易形成寡头垄断的竞争态势，又因为数据驱动型经营者集中也是算法聚集的过程，数据和算法的聚集能够降低寡头垄断者之间的意思联络成本，使其为了获取垄断利益，实施联合排除、限制竞争的行为。

6.2.3.2.3　其他影响

封锁效应是指集中后的经营者具有限制实际或者潜在竞争对手获取原料等竞争资源的能力，迫使竞争对手退出相关市场。[①]当集中后的市场上产生了单边效应或协调效应时，封锁效应也有可能发生。在完全垄断市场中，对数据实施封锁，符合集中后经营者的利益诉求，它能够阻止潜在竞争者获取数据资源；在寡头垄断市场中，寡头垄断者通过合谋行为，也能够排斥其他或潜在竞争者获得数据的可能性。数据溢出网络效应能够在一定程度上减轻数据规模和范围网络效应对单边、协调和封锁效应的影响，故应在具体案件中针对数据驱动型网络效应的正负影响进行个案分析。

---

① 在美国的 2020 年《纵向合并指南》中将其视为单边效应的一种类型。笔者认为，在数字经济下，随着数据在竞争分析中的重要性不断凸显，可将其独立出来，单独考虑数据驱动型网络效应对其影响。

数据驱动型经营者集中与反垄断法规制

数据驱动型网络效应对传统经济下单边效应、协调效应和封锁效应的竞争审查体系亦有间接的影响，也应引起竞争执法机构的重视。

6.3 数据驱动型经营者集中的质量因素审查

6.3.1 数据驱动型经营者集中对质量因素的影响

长期以来，经营者集中规制理论深受新古典主义经济思想和单边效应理论的影响，竞争政策的制定与执行围绕着竞争对价格的影响而展开，[①]已建立起以价格为中心的竞争评估体系，无论是相关市场界定，还是在竞争审查中都以价格为尺度，衡量集中行为的反竞争效果。在数字经济下，免费商业模式对以价格为中心的经营者集中规制体系提出了挑战，人们对于非价格因素的思考日渐深入，其中最具代表性的非价格因素是质量，以质量为竞争核心的经营者集中规制理论也因此备受关注。价格核心和质量核心的竞争规制各有利弊，以价格为核心的竞争规制以深厚的经济学理论作为支撑，形式简单、明确且可量化；缺点是只能反映市场竞争的价格侧面，无法运用于价格弹性接近于零的市场竞争之中。以质量为核心的竞争规制考量全面，能够弥补价格核心竞争规制的不足；缺点在于可量化程度不高、形式复杂，因此将二者结合起来的"双核心"竞争规制更具合理性。质量不同于价格，需要对其进行进一步的指标化，解决质量的表征问题。近年来，随着数字经济的发展，个人信息安全逐渐成为质量竞争的核心之一。Waehrer较早地发现了在线服务经营者之间围绕个人信息保护展开的竞争。[②]他观察到，如果在线市场上的消费者重视某种程度的个人信息保护，则经营者为使自己的服务更具吸引力，会提供一定程度的个人信息保护，并因此与其他经营者展开竞争。如果没有竞争，经营者更愿意提供较低程度的保护，因为对于经营者而言，提供

---

① OECD,Policy Roundtables: Two-Sided Markets[EB/OL],http://www.oecd.org/daf/competition/44445730. pdf,2021-12-01.

② Waehrer, K. Online Services and the Analysis of Competitive Merger Effects in Privacy Protections and Other Quality Dimensions[DB/OL]. https://papers.ssrn.com/sol3/papers.cfm?abstract_id=2701927,2021-12-01.

个人信息保护不仅需要经营者投入资金，而且会影响广告投放和出售用户信息的收入。因此，经营者需要在二者之间做出权衡。此外，他还观察到，如果一项经营者集中行为导致在线广告市场上产生市场势力，竞争执法机构可使用现有工具处理，即竞争执法机构可基于集中对广告用户的负面影响，阻止该集中行为或施加其他救济措施保护广告主和免费用户；如果集中后付费广告市场一边仍然具有竞争性，那么免费用户遭受的个人信息损失将无法通过仅考查付费广告边得到救济。广告市场上的竞争并不一定能够保护免费用户。他认为，美国和欧盟竞争执法机构并未将个人信息损失视为数据驱动型经营者集中反竞争效果的原因在于：首先，涉及个人信息保护的消费者偏好具有主观性，导致个人信息保护程度比价格更难界定和测度，进而导致缺乏分析框架。其次，他认为个人信息保护问题通常出现在广告双边平台，即经营者在一边向用户提供免费的服务，在另一边通过收集的用户个人信息向广告主提供付费广告服务，竞争执法机构因无法测量个人信息损失的程度而专注考查市场的付费广告边而非免费用户边。为了解决上述问题，Waehrer 提出了一种个人信息的量化方法，即质量下降压力 (downward quality pressure) 方法。这种方法类似于经济学家已经在使用的价格上涨压力法 (upward pricing pressure)。[1]该方法假设个人信息保护下降会导致某些用户流失，并假设拟集中经营者有可能通过集中行为重新赢得一部分用户。在这种机制下，集中后的经营者具有为了利益单方面降低个人信息的保护水平的可能。该方法不要求实际测度个人信息的保护程度，同样能够得到清晰的结果。

　　从消费者的角度来看，个人信息安全能否成为产品或服务质量的表征要素，在很大程度上取决于消费者对个人信息安全的认知程度，只有消费者将个人信息安全作为选择产品或服务的重要考量因素时，经营者才能重视并以此与其他经营者展开市场竞争。就目前的反垄断案例来看，虽然消费者保护个人信息安全的态度是正面的和积极的，但是在实际操作时又是无奈的。在人人、人物、物物互联的时代，消费者的日常生活需要主动或被动地提供大量的个人信息给经营者，消费者如果对个人信息进行保护，一方面由于产品或服务的可替代性供给不足，特别是在数字经济下，数据的网络效应、锁定效应导致市场集中度高于传统市场，

---

① Farrell, J.& Shapiro, C. Upward Pricing Pressure and Critical Loss Analysis: Response[J]. Antitrust Chronicle, 2011,1.

消费者可选择空间十分有限；另一方面，将会付出巨大的时间成本和金钱成本。在通常情况下，经营者没有保护消费者个人信息的动力，一方面是以追踪消费者个人信息为基础的商业模式的需要，另一方面是出于成本的考量。因此，消费者对个人信息安全的无奈应成为法律关注的焦点。在个人信息保护领域，我国已于2021年颁布和实施了《个人信息保护法》，并明确了包括个人信息使用的同意权、可撤销权，个人信息处理的知情权和决定权，个人信息的查阅权、复制权、更正补充权和删除权等个人信息权益是其保护对象。而反垄断法是否具有保护个人信息安全的义务呢？这个问题的答案还应从反垄断法的立法目的中去寻找。我国《反垄断法》的立法目的是预防和制止垄断，保护市场公平竞争，提高经济运行效率，维护消费者利益和社会公共利益，促进社会主义市场经济健康发展。维护消费者利益是我国反垄断立法目的之一。在世界各国反垄断法中，也是以对消费者福利或权益的保护作为立法目的。个人信息安全作为消费者利益的重要组成部分，应是反垄断法保护的范畴。个人信息安全既是反垄断法保护的对象，又是数字经济下产品或服务质量的基本特征。以个人信息保护为核心的竞争分析在数据驱动型经营者集中的反垄断法规制中将变得越发重要。

6.3.2　数据驱动型经营者集中的质量因素审查步骤

笔者认为，数据驱动型经营者集中质量因素审查应遵循以下步骤：

首先，应该分析集中行为是否产生了合并特有效率。例如，在既有的个人信息保护法律框架下，有学者认为反垄断法的重点是更宏观的，着眼于整体经济的危害，主要是维持有效率的市场竞争机制。只有集中行为导致实际或者潜在的经济效率降低，才应将其纳入经营者集中审查的范围，如果该集中行为根本没有导致效率损失，则应当由其他法规来解决个人信息保护问题。[①]

其次，评估质量因素在相关市场上的竞争重要性。在传统经济下，价格是经营者集中竞争审查的核心，集中后经营者对市场价格的控制能力是评估相关市场

---

① Ohlhausen, M.K.& Okuliar, A.P. Competition, Consumer Protection, and the Right [Approach] to Privacy[J]. Antitrust LJ, 2015, 80: 121.

是否产生单边效应的重要依据。在数字经济下，经营者集中的竞争审查维度更加多元化，以个人信息保护为代表的产品或服务质量、创新潜力等非价格因素逐渐成为集中审查的核心。以个人信息保护因素为例，判断个人信息保护是否相关市场上重要的非价格竞争维度的主要依据在于集中后的经营者能否凭借个人信息保护方面的优势，在相关市场上占据一席之地。[1]

再次，在上述步骤得到肯定答案的基础上，则应进一步分析效率与某一质量因素之间是否存在必然联系。以个人信息保护因素为例，分析其严重的弱化是否完全归因于集中行为引起的竞争过程或者市场结构的变化。集中行为引起的竞争过程变化主要体现在集中行为引致单边效应、协调效应和封锁效应：①单边效应使集中后的经营者在相关市场上拥有绝对的话语权，消费者基本上失去了选择其他经营者产品或服务的可能性，集中后的经营者因此具有控制个人信息保护强度的能力，这种能力一旦被滥用，必将导致个人信息保护程度的弱化。②协调效应使消费者对其他经营者产品或服务的选择是徒劳无功的，集中后的经营者与其他竞争者对个人信息保护强度的协同控制也将弱化个人信息的保护程度。③在具有封锁效应的市场中，集中后的经营者利用平台黏性等锁定力量，使消费者无法舍弃其提供的产品或服务而另选别家，对个人信息保护到何种程度的选择权因此被牢牢地掌握在集中后的经营者手中。单边效应、协调效应和封锁效应使消费者对产品或服务的选择陷入了"没的选""选了白选"和"不能选"的尴尬境地。此外，集中行为所引发的市场结构变化也能影响到经营者对个人信息保护的控制程度，市场的集中度越高，经营者的控制能力就越强，消费者的选择能力就越弱，个人信息保护存在弱化的可能。目前而言，虽然《个人信息保护法》为单边效应、协调效应、封锁效应和市场结构变化导致的个人信息保护弱化设置了底线，但在其之上仍为经营者之间以个人信息保护为核心的市场竞争预留了较大的空间，例如对被遗忘权的保护等，仍然值得竞争执法机构持续关注。

---

[1] Tucker, D. S. The Proper Role of Privacy in Merger Review[J]. CPI Antitrust Chronicle, May, 2015.

第 7 章　数据驱动型经营者
集中的救济规则

7.1　经营者集中救济及其转换需求

世界各国并未对经营者集中救济做出明确的概念界定，而是直接使用了这一概念。从各国救济相关的法律条文中可归纳得出，经营者集中救济的目的是为了消除竞争执法机构的竞争关注，经营者集中救济要求和方法的选择、设计和实施由竞争执法机构负责，但救济方案可由集中当事人提出。我国实施经营者集中救济的法律依据是《反垄断法》第 29 条，此外，国家市场监督管理总局于 2020 年 10 月发布的《经营者集中审查暂行规定》第 32 条至第 47 条是我国目前比较完整的经营者集中救济部门规章。

7.1.1　经营者集中救济的类型

我国《经营者集中审查暂行规定》第 33 条将经营者集中的附加限制性条件分为结构性条件、行为性条件和结构性条件与行为性条件相结合的综合性条件三种。同我国相类似，世界各国并未在其经营者集中法规中对行为性救济与结构性救济概念进行严格定义和区分，只是在一些具体案例的判决中提出了解决经营者集中救济问题的指导意见。例如欧洲初等法院在审理 Gencor 诉欧盟委员会案中指出结构性救济的特征在于它的持久性，可以长期地或至少在一段时间解决产生或者加强市场支配地位的问题，且不必进行长期监督。在该案中并没有明确提出行为性救济的特征，但从持久性特征可以这样认为，行为性救济是与集中后经营者相关的，至少需要进行短期监督的救济行为。为了区分结构性救济和行为性救济，有学者还提出了完全分离标准。无论是持久性标准还是完全分离标准，都源自经营者集中规制的执法实践，是自下而上归纳总结得出的结果。由于结构性救济与行为性救济并非泾渭分明，有些救济行为很难通过以上标准准确界定，在执法实践中更应重视救济行为的实际效果而非形式表述。

7.1.1.1　结构性救济的具体措施

结构性救济的具体措施包括剥离和切断与竞争者的联系。从世界各国救济相关法规和指南中,不难看出剥离（Divestiture）是它们最为重视的结构性救济方法。在《经营者集中审查暂行规定》中共有 14 条与剥离相关的规定,分别是第三章的 33、34 条和第四章的 36 至 47 条。特别是在第四章,整章内容都围绕着剥离的监督和实施展开。剥离是指剥离义务人将剥离业务出售给买方的行为,其目的在于,通过剥离业务的买方维持相关市场在集中前的竞争水平。①《经营者集中审查暂行规定》对剥离业务的范围做出了规定,它是指在相关市场上开展有效竞争时所需的全部要素,包括有形资产、无形资产、股权、关键人员以及客户协议或者供应协议等权益。在数字经济中,数据作为核心竞争要素具有其他竞争要素不可替代的作用,它应该是剥离业务重要的组成部分。然而,由于数据具有可复制性、可替代性等特征,如何将其实施完全剥离操作是一个比较困难的问题。根据剥离业务的性质可以将剥离业务分为两类:一类是为即时性和永久性改变市场结构所需要的剥离业务;另一类是旨在促进市场进入所需要的剥离业务。②第一类属传统经营要素,包括资产、资源和人才等,第二类属无形资产的商誉、技术专利等。数据应属于第二类剥离业务,因为它有利于获得数据的经营者进入相关市场。

在欧盟 2008 年《集中救济通告》中还提出了一种称为"切断与竞争者联系"的结构性救济特殊方法。〔Commission Notice on Remedies Acceptable under Council Regulation(EC) No. 139/ 2004 and Commission Regulation(EC) No. 802/ 2004,Official Journal of the European Union,2008:7.〕其目的在于彻底切断实施集中的经营者与同一相关市场上其他竞争者之间的结构性联系。"彻底切断"表现在:终止实施集中经营者与其他竞争者之间的少量占比联合经营和少量参股行为;终止二者之间提供相同产品或服务的合同等。"结构性联系"可能以数据为纽带,故在数据驱动型经营者集中的救济中也应对其加以考量,通过切断数据联系对集中行为给予救济。

7.1.1.2　行为性救济的具体措施

行为性救济的具体措施包括开放救济、终止排他性协议、防火墙条款、不歧

① 袁日新. 经营者集中救济法律制度研究 [M]. 北京:法律出版社,2017 : 16.

② US FTC, A Study of the Commission's Divestiture Process[R],1999:10.

数据驱动型经营者集中与反垄断法规制

视条款、强制授权条款、透明度条款、反报复条款等类型。①开放救济。开放救济 (Access Remedies) 是指为了维护相关市场上的现实或潜在竞争，实施集中的经营者基于公平合理无歧视原则（Fair Reasonable and Non-discrimination，FRAND）向第三方许可开放关键基础设施的救济行为。②终止排他性协议。经营者在实施集中前签订的排他性协议可能会影响到集中后相关市场的有效竞争，如果实施集中的经营者终止协议，将有利于消除该集中行为的竞争关注，从而达到集中救济的目的。数据、算法和算力可能成为排他性协议中的"交易对象"，因此，终止排他性协议也是数据驱动型经营者集中行为救济的一个选项。③防火墙条款。防火墙条款主要用于防止因企业内部竞争性敏感信息的传播而导致的纵向协调效应。①纵向经营者集中行为发生后可能出现下面两种情况：第一，上游经营者与下游经营者之间共享的敏感性信息，它有助于上下游经营者之间实施协调行为。第二，下游经营者在与其他上游经营者交易的过程中，下游经营者为了交易的顺利进行，将从对其实施集中的上游经营者处获得的敏感性信息共享给其他上游经营者，形成上游经营者之间的协调效应，防火墙条款的目的在于防止上述协调效应的发生。②④不歧视条款。上游市场中的经营者在与下游市场中的经营者进行

---

① 袁日新. 经营者集中救济法律制度研究 [M]. 北京：法律出版社，2017：19.

② 美国诉 Ticketmaster 和 Live nation 合并案是防火墙条款应用的典型案例，在美国举办音乐会需要多方参与，其中包括艺术家、艺术家的代理商、音乐会发起人、场馆经营者和票务公司等。其基本的运作机理是，艺术家通过其代理商与音乐会发起人谈判并签署合同，音乐会发起人安排举办的时间和地点，负责营销并承担财务风险；音乐会发起人再与场馆经营者签订合同，确认音乐会的时间、地点和门票收入分配比例等条款；场馆经营者主要委托票务公司出售门票获得收入。Ticketmaster 是美国最大的票务公司，2008 年票务业务收入 8 亿美元，占全美音乐会票务市场 80% 的份额。Ticketmaster 公司的售票渠道主要有两个，一个是由自己管理的 Host 平台，另一个是由场馆经营者管理的 Paciolan 平台。除票务市场外，2008 年通过收购 Front Line 公司将业务扩展到艺术家代理市场。Live nation 是美国最大的音乐会发起人，2008 年在美国的相关业务收入超过 13 亿美元，占比 33%。2008 年 12 月进入票务市场，2009 年 2 月公布了与 Ticketmaster 公司的合并计划。2010 年 1 月美国哥伦比亚特区法院支持了美国司法部的诉讼请求，对该集中行为通过引入新竞争者、剥离 Paciolan 平台业务和行为禁止进行救济。其中在行为性救济中特别提到禁止集中后的经营者将客户订票数据用于自营场馆的日常运营或管理，演唱会促销或艺术家管理服务等业务，阻断票务业务所产生的信息对上下游相关市场的竞争影响。在本案中，执法机构关注到了传统相关市场上数据资源集中的问题，认为在某一相关市场上集中的数据会给其上下游市场带来反竞争影响，通过防火墙条款限制数据在集中后的经营者内部纵向移动，从而保护上下游市场的公平竞争。United States v.Ticketmaster Entm't, lnc ., Case: 1:10-cv-00139-RMC Document 29 Filed 01/28/20，p20.

合并时，为了给予其他下游市场经营者公平的竞争机会，竞争执法机构可通过设定公平的法律条款来保持下游市场的平等进入机会和交易条件，该类法律条款被称为不歧视条款。不歧视条款是一把双刃剑，在保护下游相关市场竞争的同时，也有可能损害市场效率。不歧视条款避免了下游市场中的其他经营者得到质量较差的产品和服务或者获得上游产品的机会不平等，进而保护了竞争者。但反垄断法立法目的毕竟在于"保护竞争而非竞争者"，[1] 直接对竞争者的保护可能带来保护"后进"和损害市场效率的不良后果。故对"度"的把握是其能否成功运用的关键，而把握"度"的关键在于量化，在"数即万物"的数字经济时代，大数据技术的发展使客观世界的量化成为可能。⑤强制授权条款。在一些特定情况下，竞争执法机构强制要求集中后的经营者，将其掌握的与生产或市场竞争所必要的技术或资产，以公平、合理的价格授权给第三方使用，以确保集中后相关市场的竞争公平的救济安排，称为强制性授权条款（Mandatory Licensing Provisions）。⑥透明度条款。透明度条款（Transparency Provisions）是指竞争执法机构要求集中后经营者对其披露特定信息。这些特定信息通常包括产品或服务的价格信息、质量标准信息和业务量信息等内容。当然，透明度条款也有可能对市场竞争产生负面影响，竞争执法机构应防范不断提高的市场透明度所引发的协调效应。⑦反报复条款。禁止集中或集中后的经营者可能向与其竞争者签订合同或进行交易的消费者或者其他主体实施报复，或向竞争执法机构提供信息的经营者实施歧视或者报复。报复对象和方式多种多样，需在具体个案中分析甄别才能设计出合适的反报复条款。⑧其他类型。在司法实践中曾用到的行为性救济方法还有禁止特定合同行为、限制再雇用核心人员条款、限制价格条款、禁止再收购条款、控制数量或者产量条款、限制市场份额条款等类型。行为性救济是一个灵活、开放和创新的司法领域，竞争执法机构可根据个案之具体情况进行有针对性的创设。可以预见，在未来随着经营者集中执法经验的积累，还会有更多的行为性救济方法不断地涌现。

　　通过对上述经营者集中救济类型的梳理可知，部分现有的部分救济类型可直接适用数据驱动型经营者集中。例如，开放救济、终止排他性协议、防火墙条款、

---

① Brown Shoe Co. v.United States, 370 U.S.294,(1962).

数据驱动型经营者集中与反垄断法规制

强制授权条款和透明度条款等。数据驱动型经营者集中是数据、算力和算法的集中，开放救济、终止排他性协议、强制授权条款和透明度条款能够提高三者的开放程度，防火墙条款又能够在某种程度上限制三者的开放程度，这样的双向效果使数据驱动型经营者集中的救济制度安排张弛有度。

7.1.2　经营者集中救济的运行机制

经营者集中救济制度的具体运作环节包括经营者集中救济的确定、实施、监督、复审和制裁等 5 个。

7.1.2.1　经营者集中救济的确定

经营者集中救济的确定，是指在经营者集中反垄断审查中，反垄断执法机构和集中当事人双方协商一致，对可能产生反竞争效果的集中交易最终确定经营者集中救济承诺的过程。[①] 经营者集中救济的确定包括启动的主体、启动方式、启动时限、救济类型的选择和审查决定等内容：①启动主体是竞争执法机构和参与集中的经营者；②启动方式有依照参与集中的经营者申请启动和竞争执法机构依职权启动两种，美国司法部和欧盟采用申请方式，而美国联邦贸易委员会、英国竞争委员会则采用职权方式。根据《经营者集中审查暂行规定》第三十二条的规定，我国采用依申请启动方式；[②] ③启动时限是从经营者集中审查程序的任何阶段始，到竞争执法机构审查结束之前止；④救济类型的选择是指针对个案具体情况，在结构性救济、行为性救济和混合性救济中选择合适的救济类型；⑤根据《经营者集中审查暂行规定》第三十二条，我国的审查决定是以附加限制性条件承诺方案的形式体现的。

---

① 袁日新. 经营者集中救济法律制度研究 [M]. 北京：法律出版社，2017：40.
②《经营者集中审查暂行规定》第三十二条规定：为减少集中具有或者可能具有的排除、限制竞争的效果，参与集中的经营者可以向市场监管总局提出附加限制性条件承诺方案。

7.1.2.2　经营者集中救济的实施

经营者集中救济审查决定批准公布后，即进入实施阶段。救济的实施按照经营者集中救济的类型划分为三类：结构性救济实施包括明确竞争执法机构的职责和集中当事人的义务、剥离业务的分割方式选择、剥离业务买方的选择（买方前置要求）、剥离期限的设定、义务人的先行修正和备选方案设计（皇冠宝石制度）等内容。行为性救济实施采取受托人监督的方式来完成。混合性救济则本着先结构后行为的原则加以实施。

7.1.2.3　经营者集中救济的监督

在救济实施过程中，为了使其不偏离既定的救济目标需要进行必要的监督。常见的监督方式有监督受托人和救济实施争议的仲裁机制两种：①监督受托人。竞争执法机构通常会选择独立的监督受托人来专门监督救济的实施。各国竞争执法机构多制定了关于结构性救济监督受托人遴选、委任和独立性要求的规则，行为性救济的监督受托人往往参照执行。②救济实施争议的仲裁机制是当事人在救济实施过程中发生争议时的一种解决机制。

7.1.2.4　经营者集中救济的复审

经营者集中救济复审是在救济实施过程中，当客观环境发生了变化使得经营者集中救济出现了不合适或者不必要的情形时的一种调整机制。救济复审围绕着救济承诺中的复审条款展开，分为启动、评估和决定三个阶段：①启动。经营者集中救济复审的启动可由集中当事人提出申请，也可由竞争执法机构依职权主动实施启动。②评估。主要评估原承诺中市场竞争状况、交易主体、交易基础是否发生变化；继续履行原承诺的可能性；原承诺实施的必要性是否因环境的改变而失去必要性；新承诺是否符合社会公共利益等因素。③决定。根据评估的结果做出复审结论。

7.1.2.5　经营者集中救济的制裁

违反经营者集中救济的行为应依法受到制裁。经营者集中救济制裁的主要类型包括责令停止实施集中、责令恢复原状和罚款等。[①]

7.1.3 经营者集中救济方式的转型需求

经营者集中救济是指在经营者集中反垄断审查过程中，为消除可能产生的反竞争效果，由参与集中的经营者向竞争执法机构做出一定承诺，执法机构依此对原集中方案进行修改后批准集中的一项法律制度。[②]经营者集中救济按照救济的具体内容，是改变市场结构还是限制市场主体行为,可分为结构性救济与行为性救济。[③]

结构性救济是指可以影响市场竞争结构的救济方式，主要通过剥离参与集中经营者的部分业务、部分资产，或者要求其转让部分股权等得以实现。由于结构性措施可一次性地改善市场竞争结构，且不需要对当事人的市场行为进行持续监督，一直受到竞争执法机构的青睐。数据驱动型经营者集中的资产对象可以分为两类:一类是有形类，如土地、房屋和设备等;另一类是无形类，如数据和算法等。对有形类资产实施结构性救济一般是可行的，但是对数据集实施结构性救济存在很大的困难，因为数据经过算法的处理，其价值便以另外一种形式体现，即便集中各方的数据集被分离开来，原始数据的价值可能以其他形式被保留下来，故无法达成救济目标。

因此，结构性救济无法完全适用数据驱动型经营者集中的救济要求。行为性救济是限制集中后经营者采取滥用其市场优势行为的救济方式，它具有灵活、开放、适度、设计简单、效果直接等优点，同时也具有难实施、难监管、成本高等缺点。笔者认为，只要能够弥补行为性救济的不足，它比结构性救济更适合于数据驱动型经营者集中。伴随大数据、云计算技术等数字技术的发展，经营者的行为趋于数字化和透明化，对其行为性救济的监管难度和监管成本必将逐渐下降。在未来，随着数字技术的发展和经营者集中执法经验的不断积累，竞争合法性预测技术和方法将会与时俱进，准确度也将不断提升，完全可以弥补行为性救济的不足之处。

---

① 时建中. 反垄断法—法典释评与学理探评 [M]. 北京：中国人民大学出版社，2008：458–460.
② 韩立余. 经营者集中救济制度 [M]. 北京：高等教育出版社，2011：15.
③ 韩立余. 经营者集中救济制度 [M]. 北京：高等教育出版社，2011：40.

7.2　数据驱动型经营者集中救济的救济措施

7.2.1　数据驱动型经营者集中行为性救济措施趋向

7.2.1.1　结构性救济措施与行为性救济措施的比较

与行为性救济相比，结构性救济更具确定性和易执行性的特点：①确定性。结构性救济一旦实施，即对市场的结构产生直接和永久影响，确定性地修复集中产生的竞争损害。而行为性救济以不直接改变市场结构的方式对集中方的产权或行为设限。与结构性救济相比缺乏确定性。②易执行性。结构性救济实施后不需要进一步监督，减轻竞争执法机构的工作强度，故其更倾向于采取结构救济措施。而对于行为性救济，由于集中后的经营者缺乏执行救济措施的动力，竞争执法机构必须承担起艰巨的监督任务，这样就增加了救济执行的复杂性。

行为性救济对市场的长期直接干预使竞争机制无法发挥对市场调节作用，产生低效率。[①]然而，行为性救济也具有一些特殊优势：第一，某些情况下，行为性救济同样可以实现结构性影响。这是行为性救济灵活性的一种体现，通过一定的行为性救济机制的设计打通了行为性与结构性救济的边界，使经营者集中救济变得更加高效。第二，行为救济能够更加灵活地解决竞争问题。行为性救济的设计往往是开放的，不会受到更多的限制。它以救济目标为导向，即重视消除经营者集中的反竞争效果，又能够最大限度地保持其给市场竞争带来的效率和效益。另外，行为性救济的灵活性还体现在其具有高度的市场适应性。在数字经济下，技术变革日新月异，商业模式创新层出不穷，市场竞争变化瞬息万变。与结构性救济相比，行为性救济能够更好地把握竞争环境的变化，更加有效地保证救济目标的实现。第三，行为性救济能够弥补结构性救济灵活性不足的缺陷。目前，结构性救济措施仍然是各国竞争执法机构的首选，主要原因在于其具有高度的确定性。高度确定性所带来的负面影响是灵活性不足，通过行为性救济可以有效弥补这一不足。

---

① Ezrachi, A. Under (and Over) Prescribing of Behavioural Remedies[J]. University of Oxford, Centre for Competition Law and Policy Working Paper No.(L), 2011, 13(5).

7.2.1.2　数据驱动型经营者集中的行为性救济措施

数据驱动型经营者集中在选择救济措施时更倾向于行为性救济，理由有三：

第一，数据并不具有无形资产的界定特征。在 2021 年 2 月国务院反垄断委员会发布的《平台反垄断指南》中将数据视为无形资产，可以对其实施剥离等结构性救济手段。关于无形资产的研究主要集中在会计研究领域，早期的国外学者 Payton、Davidson 以及我国学者杨汝梅、蒋琰等对其概念做出了界定。一般认为，无形资产具有依附性、收益性、超额盈利性、独占性、不确定性、无可比性等特点。其中独占性是指无形资产拥有者独有的受到法律保护的一种权利，只有无形资产带来的收益是为经营者独享和垄断的，它才具有为了获得无形资产而投入大量成本的动力，且法律对这种权利的保护程度越高，其价值越大。无可比性是由独占性衍生出来的特点，它是指无形资产在市场上是独一无二的，无法通过市场竞争机制表征其价格。

笔者认为数据并不具有无形资产的独占性和无可比性特点，不应将其列入无形资产的范围，原因有二：一是个人数据产权并不明晰。个人数据往往是由消费者为了获得某项产品或服务而主动或被动提供给经营者的，消费者是数据的所有者，原则上经营者只能在为消费者提供特定产品或服务时才可以拥有数据的使用权，各国的立法机构对数据的权属问题也没有明确的界定，故将数据界定为无形资产并无实践的和法律的依据。二是数据的可替代等特征使其并不具备无形资产的无可比性特点。如前所述，数据具有可替代性特征，数据的可替代性是指同一数据可以通过不同途径或方法获得，因此数据为某一经营者所独占垄断的可能性极低，经营者通过不同渠道获得同等价值数据的可能性极高。在理论上，经营者.具有形式意义，在数据驱动型经营者集中救济中并不具有可操作性。此外，即使对数据进行强制性剥离救济后，由于数据具有的可复制性特征使剥离救济的实际效果并不确定且救济监督难度极高。

第二，数据价值生命周期短。数据的时效性特征和实时性特征表明，只有近期数据和实时数据才对经营者决策和创造价值最具意义。数字经济的发展对数据价值提出了更高的要求，数字经济下商业模式的创新需要高价值数据的支持，时间是衡量数据价值的重要维度，它缩短了数据价值的生命周期，也缩短了数据对市场竞争的影响周期。与土地、资本、劳动力等传统核心生产要素相比，通过数据要素使经营者获得竞争势力的延续时间最短，甚至可能在瞬间消失，因此资产剥离等结构性救济措施无法在如此短暂的时间段内介入。

第三，数据驱动型经营者集中更能提高社会效益。目前，全球范围内关于数据安全和个人隐私保护的相关立法已经走在经营者集中反垄断立法的前面，而世界各国对于数据相关集中行为的规制则多采取较为宽容的态度。究其原因，与数据相关的商业模式创新尚处于发展初期不无关系。在此阶段，经营者实施数据驱动型经营者集中的目的多以提高效益和效率为主。行为性救济能够在消除反竞争影响的同时，有效地保留效益，而结构性救济多会导致效益损失。[①]

7.2.1.3 适应数字经济的行为性救济建议

首先，应细化现有行为性救济制度。目前，无论在我国《经营者集中审查暂行规定》还是在《平台反垄断指南》中，关于行为性救济措施的相关规定都比较概括，导致其可操作性不强。因此，结合数字经济特点，提炼理论界和竞争执法机构最新的研究成果，出台行为性救济实施细则是目前数据驱动型经营者集中救济的首要任务。

其次，加强多学科行为性救济方法的法律化研究。与结构性救济措施相比较行为性救济措施灵活性较强，灵活性增强了行为性救济的不确定性。一旦运用不当，一方面弱化了救济制度的可预见性，导致拟实施集中行为的经营者无所适从；另一方面导致竞争执法机构对市场竞争的过度干预。数据驱动型经营者集中的行为性救济虽然是一个法律问题，但它需要来自经济学、管理学、信息学等多学科方法和手段的支持，法律人应从法律的视角对来自多学科的救济方法和手段进行甄别和适用范围的界定，将其纳入到反垄断法的规制框架之下。此外，数字经济仍处于发展的初级阶段，竞争执法机构在设计数据驱动型经营者集中的行为性救济措施时应适度地倾向于效率目标的实现，在保护竞争及消费者福利同时兼顾促进数字经济的发展。

---

① 王李乐. 经营者集中行为救济制度研究 [D]. 北京：对外经济贸易大学，2015：59.

7.2.2　对单边、协调和封锁效应引发的反竞争效果的阻断

7.2.2.1　阻断单边效应

数据驱动型经营者集中发生后，最有可能引起单边效应。集中后的经营者能够获得对海量数据的控制，而这很可能显著提高该经营者的市场势力，由此形成市场进入壁垒，从而减轻既有竞争者承受的实际或者潜在竞争压力。[1] 并在数据正反馈作用下，数据驱动的单边效应可能在免费端市场或盈利端市场等多边市场上被无限放大。在免费端市场，集中后的经营者借助数据优势提升产品或服务质量或通过产品或服务的创新，实现赢家通吃，拉大与竞争者之间的实力差距。在 Microsoft 收购 Yahoo! Search Business 案中，美国司法部认为，"搜索数据是提高搜索引擎服务质量所必需的投入要素，在获得雅虎的搜索数据后，更大的数据集无疑有助于微软优化自己的搜索引擎服务，进而提供更为准确的搜索结果以及更好的搜索呈现方式，从而增强微软在搜索引擎服务市场的竞争力，这足以引起竞争担忧。"[2] 欧盟委员会也对该案得出近乎一致的结论，它指出："搜索数据的集中有利于微软对算法进行更多的测试和实验，以此来提高搜索结果的精确性，如此将会吸引越来越多的用户使用微软的搜索引擎，而这反过来又可能导致微软获得更多的搜索数据，由此往复循环，无疑会强化微软在搜索引擎服务市场上的市场力量。"[3] 较之于免费端市场，美欧竞争执法机构更为关注数据聚集可能在盈利端市场引致单边效应，即认为数据聚集可能会提高集中后的企业在广告投放等有偿服务方面的质量，而这种有偿服务的改进和优化有可能吸引更多的广告客户加入该平台，从而最终强化集中后的企业盈利端市场势力。总之，数据集中无论在免费端市场还是在盈利端市场都能引发数据驱动的单边效应，如果在竞争分析中发现其导致反竞争效果的可能性极大时，应对其进行救济，防止单边效应造成的不

---

① Utorité de la concurrence française and Bundesbehörde der Bundeskartellbehörde. Competition Law and Data[R],May 2016:16.

② Press Release, U.S. Dep't of Justice, Statement of the Department of Justice Antitrust Division on Its Decision to Close Its Investigation of the Internet Search and Paid Search Advertising Agreement between Microsoft Corporation and Yahoo! Inc. , February 2010.

③ Microsoft/Yahoo! Search Business, Case COMP/M.5727, Commission Decision of February18, 2010.

良竞争影响。在数据驱动型经营者集中中，救济的效率至关重要，因为数据价值随时间的推移而不断减小且减速很快。如果不能及时阻断单边效应，即使完成了数据集的剥离，剥离后的数据集也失去了原有的价值，无法实现救济的最初目的。与结构性救济相比，行为性救济措施具有立竿见影的效果，能迅速阻断单边效应的反竞争影响。

7.2.2.2　防止协调效应

一般而言，当经营者集中创造出条件使默示共谋更有可能达成或者效果更显著时，便产生了协调效应。[①] 如前所述，数据驱动型经营者集中不仅仅引发数据资源的集中，同时还带来了算法和算力的集中。笔者所指的数据、算法、算力与新发布的《平台反垄断指南》第五条、第六条中提出的数据、算法、平台规则系属同类概念，能够导致协调效应发生。集中当事人通过算法合谋实现协调效应的相关案件已经出现，[②] 主要发达国家的竞争执法部门也相继采取应对措施。[③] 在理论研究上，国内学者钟原分析了算法共谋反垄断执法面临的难题并提出对算法共谋应采取类型化反垄断法规制思路。[④] 唐要家指出算法如何达成合谋，并提出分类治理原则、采取事后与事前规制政策。[⑤] 周围则重点针对自主学习算法的反垄断政策问题进行分析。[⑥] 算法导致协调效应在理论界和执法实践中基本达成了共识，一旦拟实施经营者集中的当事人在相关市场具有算法竞争优势就应引起竞争执法关注，竞争执法机构应考虑实施救济。由于引发协调效应的手段相对隐蔽，简单的资产剥离手段未必产生及时、明确的救济效果，需要救济事后监督环节去验证，而行为性救济具有较强的事后监督能力，能够保证救济目标的实现。在协调效应的救济中，应采用以行为性救济为主导的混合救济模式。

---

① Gore, D., Lewis, S.& Lofaro, A. 等. 经济学分析方法在欧盟企业并购反垄断审查中的适用 [M]. 黄晋, 韩伟, 解琳, 等, 译. 朱忠良, 校. 北京：法律出版社，2017：259.

② 如 Amazon 案（2015）、Uber 案（2015）、Eturas 案（2016）等。

③ 如德国垄断委员会发布《竞争政策：数字市场的挑战》，美国 FTC 发布《大数据：包容工具抑或排除工具》，OECD 也发布《算法与合谋》等报告。

④ 钟原. 大数据时代垄断协议规制的法律困境及其类型化解决思路 [J]. 天府新论，2018（02）：66–75.

⑤ 唐要家，尹钰锋. 算法合谋的反垄断规制及工具创新研究 [J]. 产经评论，2020，11（02）：5–16.

⑥ 周围. 算法共谋的反垄断法规制 [J]. 法学，2020（01）：40–59.

7.2.2.3 打破封锁效应

通常而言，集中后的经营者可以采取多种策略实施数据封锁，包括停止向竞争对手提供所涉数据，显著提高数据的销售或者许可价格，刻意减损提供给竞争对手的数据质量，故意拖延数据提供时间及其以较不结构化的格式提供数据等。[①]在评估数据集中是否会在下游市场上形成数据封锁时，主要考查的是所涉数据的可替代性和稀缺性，抑或说潜在的下游竞争者能否从其他渠道获取可替代数据。事实上，纵观美欧以往涉及数据聚集的经营者集中反垄断审查实践，在评估数据聚集是否会在下游市场上形成数据封锁时，也主要是从所涉数据的可替代来源角度进行分析。综上，在对封锁效应实施救济时，通过开放网络、数据或者平台等基础设施、许可关键技术、终止排他性协议、修改平台规则或者算法、承诺兼容或者不降低互操作性水平等行为性救济手段，提高数据的可替代性和降低数据的稀缺性是解决问题的核心。

7.3 数据驱动型经营者集中救济的监督机制

经营者集中、垄断协议和滥用市场支配地位是反垄断法规制的三大支柱，而经营者集中规制与后两者又有所不同，具有事前规制的特点。即在经营者集中尚未发生时，通过评估该行为对未来市场竞争产生的影响，行使批准或否决的权利。由于受限于执法者的理性分析能力和信息的非完全对称性，竞争执法机构在经营者集中前做出的判断和限制性条件未必完全适用，特别是在数字经济下，数据特征和以数据为基础的数字技术的发展增强了经营者集中执法的不确定性。以Facebook 收购 WhatsApp 案为例，在收购时，Facebook 曾经声称在技术层面上合并两家的用户信息是困难的，并且承诺不会将两家公司的用户数据进行合并，欧盟因此批准了该案。然而，两年后 Facebook 就通过电话号码将 WhatsApp 用户信息与自己拥有的用户信息进行关联合并。为此，德国责令 Facebook 停止收

[①] De Peyer, B. H. EU Merger Control and Big Data[J]. Journal of Competition Law & Economics, 2017, 13(4): 767–790.

集和储存通过 WhatsApp 获得的用户信息，并删除此前在德国获得的用户相关记录。欧盟其他国家的数据保护机构也对 Facebook 的数据合并提出了异议，促使 Facebook 停止了在欧洲的数据合并进程,欧盟委员会也对其实施了全球营业额 1% 的罚款。上述案例说明事前规制结果是否适当以及经营者是否履行承诺需要时间检验，因此持续监管在经营者集中规制中意义重大。行为性救济的具体形式具有灵活、开放的特点，竞争执法机构能够针对具体的竞争损害设计有针对性的救济措施，能够根据市场条件的变化进行调整，有利于避免出现"过度救济"现象，从而更好地实现救济目标。但行为性救济的灵活性也具有负面影响，它提高了救济执法的随意性，降低了法律的确定性和可预见性。解决上述矛盾的关键在于救济监督机制的完善与创新。

7.3.1　监督受托人机制的不足

监督受托人制度是竞争执法机构为了弥补自身由于执法资源有限、信息不对称和行业知识缺陷等原因导致的监督能力不足，而建立的一种依托第三方进行救济监督的制度，它在传统经济下的结构性救济中发挥了重要的作用。在数字经济下，随着数字技术门槛的不断降低以及经营者集中规制难度的不断提高，实时掌握相关市场的竞争态势将成为竞争执法机构的核心日常工作，其对经营者集中行为性救济的监督也将成为一个持续的、常态化的过程。在这样的情况下，竞争执法机构将核心工作委托第三方来完成，不利于自身执法能力的提升，也不利于经营者集中规制理论研究的深入开展。

集中救济的复审机制其本质也是一种监督机制，它需要对市场竞争环境进行监控，认定发生了变化的市场竞争环境是否依然与救济措施相匹配。在传统经济下，市场竞争环境相对稳定，因此对其监控的技术要求不是很高，基本能够满足竞争执法机构的需要。在数字经济下，数字技术的发展促使市场竞争环境变化提速，增加了竞争执法机构捕捉竞争环境变化的难度，使复审机制缺乏时效性，进而导致经营者可能受到不公正的待遇。

7.3.2 以监督管理制度取代监督受托人制度

经营者集中救济的监督制度总结起来主要有监督受托人制度、行为救济实施争议的仲裁机制、公共利益测试制度和司法审查制度等。由于监督受托人制度的目的在于解决集中后经营者执行行为救济措施动力不足和竞争执法机构监督能力不足等问题，因此得到了各国竞争执法机构的肯定。但大多数竞争执法机构只是制定了结构性救济监督受托人遴选、委任和独立性要求等相关规则，行为救济措施的监督受托人可以参照执行。我国经营者集中救济制度也是采用这种做法，在《经营者集中审查暂行规定》第三十六条至四十六条中对以剥离承诺救济方式的实施与监督做出了详细的规定，但对于行为性救济并未做出相关规定。

与结构性救济相比，行为性救济对监督受托人提出了更高的要求：结构性救济监督受托人需要具备企业财务专业知识，在监督时避免过度参与被剥离业务的管理，向实施集中的经营者提议合规措施；而行为性救济监督受托人除具备企业财务专业知识外，还需要丰富的监管和行业专业知识，在实施监督时，监督受托人能够向实施集中的经营者提供合适的替代方法。行为性救济监督受托人的行业专业性能够弥补竞争执法机构的不足，减少执法成本的投入，让专业的人做专业的事情，是竞争执法机构引入监督受托人制度的主要原因。在数字经济下，数据已经成为基础性的生产要素，其运作机制不再是某一行业的局部性规律，随着产业数字化进程的不断深入，它对国民经济发展具有基础性和全局性的意义。此外，技术被认为是一种仅次于法律的，可以影响人类行为的监管方式。[①]在数字经济下，计算机代码成为一种核心技术，平台算法和数据处理都是依靠它才能得以实现。几乎可以这样认为，数字经济的基石就是计算机代码，数据驱动型商业模式是由它搭建起来的。如果不能读懂计算机代码，对数字经济进行法律规制几无可能，这就给数字经济时代的法律人提出了更高的要求。在数据驱动型商业模式创新成为新常态的今天，竞争执法机构应将规制研究的重点方向有所调整，将在传统经济下与其毫不相关的计算机代码纳入到研究范围。在未来，任何一个经营者集中行为都将涉及数据集中问题，数据相关的理论知识和技术能力应该成为竞争执法

---

① Kesan, J. P.& Shah, R. C. Setting Software Defaults: Perspectives from Law, Computer Science and Behavioral Economics[J]. Notre Dame L. Rev.,2006,82:583.

机构必备的分析工具，竞争执法机构应独立承担起在行为性救济监督职责，在数据驱动型经营者集中规制中监督受托人制度终将被监督管理制度所取代。

7.3.3　强化数据驱动型经营者集中复审机制

经营者集中救济复审，是指在经营者集中救济实施过程中，由于经营者集中救济所依据的客观条件发生了变化，可能出现原先确定的经营者集中救济不合适或者不必要的情形，竞争执法机构按照一定的程序和标准对原先的经营者集中救济进行重新审查，并做变更或者解除等决定的制度。世界各国的竞争执法机构多对复审制度采取认可的态度。我国也在《经营者集中审查暂行规定》第四十七条中规定了竞争执法机构在重新审查时应考虑主要因素。一般认为，行为性救济措施往往按照个案特点进行设置，容易受到相关市场的竞争状况、集中后当事人自身的变化、技术变革等不确定因素的影响。为了在不确定的相关市场上维护公平竞争，保护集中当事人的合法权益，竞争执法机构设计了复审制度。

在数字经济下，数据网络效应、"赢家通吃"、破坏性创新和平台效应等特点增强了市场环境的不确定性风险，主要体现在：①以数据为基础的破坏性创新时有发生。破坏性创新颠覆已有的商业模式，能够在短期内改变市场竞争态势，集中当事人通过经营者集中获得的市场竞争优势随时可能消失殆尽。②数据网络效应和平台效应加快"赢家通吃"的速度。由于数据的可替代性和可复制性特征，数据来源并不唯一，相关市场上的竞争者通过网络效应和平台效应迅速成长为竞争赢家，改变市场竞争结构，导致集中当事人的相对市场优势被削弱。如果此时依然要求集中当事人履行集中行为发生时的救济承诺，势必给集中当事人带来极大的经营风险，为维护公平竞争而设置的承诺条款可能成为保障公平竞争的障碍。

复审制度顺利实施的关键在于：①对相关市场竞争状况的监控。救济监督机制的核心对象是集中当事人的承诺履行行为，而救济复审机制中的监控对象是相关市场竞争环境的变化情况。在数据驱动型经营者集中的案例中，相关市场上数据集中程度、数据来源渠道、数据相关市场进入门槛、数据引发的市场单边效应、协调效应和封锁效应的变化是监控的核心。在监控时，应将上述监控要素进行指标化和量化处理，以集中行为发生时的相关情况为基础，设置预警临界值。当指标超过预警临界值时，触发复审机制。②复审竞争分析。复审机制启动后，新一轮的相关市场竞争分析被再一次启动。分析路径可参照经营者集中竞争审查阶段的思路进行。

最后值得一提的是，大数据技术在行为性救济的设计、实施、监督和复审阶段都能发挥重要作用。行为性救济方案的设计可以说是救济制度能否发挥有效作用的难点，它一方面要求设计手段精良，另一方面对设计所需基础数据的深度（数量）和广度（种类）质量特征也提出了要求，大数据技术能在上述两个方面提供保障。行为性救济的实施、监督和复审需要对救济效果进行长时间的跟踪，需要竞争执法机构投入大量的精力和财力，借助大数据技术可以实现救济实施、监督和复审高效率、低成本地运行。因此，笔者认为，大数据技术嵌入行为性救济的跨学科研究势在必行。

第 8 章　完善我国数据驱动型经营者集中反垄断法规制的建议

8.1 我国数字经济反垄断的立法转型

8.1.1 近期：制定数字经济的嵌入式修法

针对特定问题或领域发布反垄断指南，是各国竞争执法机构的普遍性做法。国务院反垄断委员会 2021 年 2 月正式发布了《平台反垄断指南》，该指南是全球第一部由官方正式发布的专门针对平台经济的系统性反垄断指南，数据在该指南中已经成为重要的平台经济竞争考量因素。而数据竞争的反垄断立法在全球范围内仍处于空白状态，数据竞争仍然是竞争执法机构在数字经济下进行反垄断法规制的一个考量因素，并未认定其应有的特殊的反垄断地位。我国在确立了数据的基本生产要素地位之后，数据在国民经济发展中具有与土地、劳动力、资本和技术四大生产要素同等重要的地位，我国从促进市场经济发展的角度对土地、劳动力、资本和技术都已经独立立法，而对数据只是从安全的角度进行了法律制度的设计，这与数据作为第五大生产要素的经济地位完全不符，应填补经济领域数据立法的这一空白。

在现阶段，笔者认为，可以参照平台经济领域反垄断的立法实践，借鉴其他生产要素立法的成功经验，明确数据的权属关系，界定数据相关的经营者和消费者的权利和义务，平衡生产者福利、消费者福利和社会总福利之间的关系。在形式上可参考平台经济领域的反垄断立法经验，制定数据竞争反垄断指南。

8.1.2 远景：反垄断法的数字融通式升级

在数据竞争领域，将数据、算法和算力囊括其中，对数据竞争法律制度进行整体设计，是维护数字经济下市场公平竞争和经济发展的制度需要。数据竞争法律制度必将经历一个从分散到集中的过程，在现阶段它可能分散于竞争法律制度的某些环节发挥作用，随着数据竞争法律理论研究的不断深入和司法实践的不断丰富，它终将成为一个独立的法律视角而受世人关注。

在未来，数字经济与传统经济的界限将会变得越来越模糊，人们将不再对二者进行区分。在这样的情况下，笔者认为，未来的反垄断法终将演变为一种以规制数字经济现象为主的反垄断法，而传统经济的反垄断规则将以一种特例的形式被列入其中。因此，笔者建议，在未来的反垄断法修订过程中，应具有足够的前瞻性，不应以修修补补的方式将数字经济的反垄断规则填补到反垄断法修订案之中，应通盘考虑现有反垄断法框架的数字经济适用问题，创设一部面向未来的体现中国制度自信的数字经济反垄断法。

8.2　我国数据驱动型经营者集中反垄断法规制的具体设计

8.2.1　增设数据等多维度相关市场界定因素

SSNEF 的基本原理是假定垄断者的一个产品（服务）初始的市场界定的综合因素发生小幅、显著且非暂时性增强变化（5%~10%）将会导致其他经营者的一个产品（服务）销量的增加，如果假定垄断者不能从中获利，那么可以断定这两个产品（服务）属于同一产品市场。它是以假定垄断者测试为基本框架，将测试的核心由价格转向多维度市场竞争因素，根据具体案例所涉及的行业特点确定相关市场界定的主要因素及每种因素的影响程度，对价格、成本和非价格因素做加权平均处理。其核心在于选择合适的测试因素，在数据驱动型经营者集中中的数据无疑应成为 SSNEF 方法的测试核心之一。

在《平台反垄断指南》中列举了诸多相关市场界定的替代分析因素，其实质是一种多维度相关市场界定的思路，它可以通过 SSNEF 方法变得更具可操作性。笔者所构想的多维度经营者集中规制的 SSNEF 方法将传统的价格、产品或服务质量、时间、数据（包括算力和算法维度）和个人信息保护等众多影响因素综合运用于经济模型之中，众多因素之间取长补短，能够在数据驱动型经营者集中的相关市场界定、申报标准的制定、竞争审查分析和集中救济等多个经营者集中规制环节中发挥作用,《平台反垄断指南》的发布在一定程度上表明多维度经营者集中规制方法的可行性已获得竞争执法机构的肯定。

8.2.2　构建多元化的申报标准体系

我国在经营者集中申报标准制定时,应综合考虑营业额、交易额、数据、产品生命周期和时间等多元指标,发挥它们各自的限定作用,构建经营者集中申报的立体标准体系。竞争执法机构可以根据行业特点和个案特征对每个指标维度设置合理的标准尺度,杜绝经营者集中规制对象错漏选择现象的发生。

8.2.2.1　增加交易额标准

考虑将集中交易额作为补充申报标准原因有二:其一,我国数据市场的发展比世界大部分国家更快、更具有活力。以互联网、大数据技术为基础的创新层出不穷,数据驱动型经营者集中的数量在未来几年会呈几何级数增长,"漏网之鱼"(即未达到营业额申报标准而影响消费者福利的集中行为)会越来越多。在扩大审查的范围标准上我国应该比欧洲做得更"激进"一些。其二,交易额标准确实比营业额标准更为"敏感",收购价格就是一个强有力的反垄断监管信号,通过它可以判断,发起集中行为的经营者是否正在收购将会给其未来带来威胁的其他经营者,以及该集中行为是否会对未来市场竞争产生重要影响。

8.2.2.2　增加数据标准

营业额和交易额等数量标准因其具有的直观、易于比较衡量等特点,而受到竞争执法机构的青睐。营业额标准已经在申报制度中显现出不足之处,虽然交易额标准能够在一定程度上弥补这一不足,但随着社会经济及技术条件的变化和经营者商业模式的进一步创新,交易额标准的作用也有可能在数据驱动型经营者集中规制中不断弱化。在数据驱动型经营者集中规制过程中数据应成为首要的考量因素,应对集中行为的"数据动机"进行审核,通过设定数据数量和数据种类标准分析拟实施的集中行为对相关市场上数据集中度的影响。

8.2.2.3　建立年度调整机制

经济发展水平、物价波动水平和货币贬值趋势表明恒定的营业额和交易额标准容易影响经营者集中申报制度的公平性，故笔者建议对我国经营者集中的数量指标进行周期型调整。《国务院关于经营者集中申报标准的规定》第四条中指出，"经营者集中未达到本规定第三条规定的申报标准，但按照规定程序收集的事实和证据表明该经营者集中具有或者可能具有排除、限制竞争效果的，国务院商务主管部门（现为国家市场监督管理总局）应当依法进行调查。"第四条是兜底条款，针对该条款有必要进行细化规定，可将上述交易额标准和数据动机标准以列举的形式加入第四条之中。此外，笔者认为，对《反垄断法》第二十一条关于申报标准的修订应采取审慎态度，不应因现有申报标准在数字经济下的诸多不适就对其彻底否定。仍应加强申报标准的研究，从完善申报制度本身去寻找问题的对策，在立法层面上，将成熟的研究成果体现于《国务院关于经营者集中申报标准的规定》之中。

8.2.3　拓展实体审查制度的内容边界

8.2.3.1　考虑数据网络效应对市场进入的影响

在《平台反垄断指南》中列举了经营者集中对市场进入的相关影响因素。从中可以看出我国的竞争执法机构已经认定数据是平台市场进入的一种壁垒形式。数据之所以能够成为市场进入的障碍是由于其具有较强的网络效应所致，数据驱动型网络效应主要包括数据规模效应、数据范围效应和数据溢出效应。数据驱动型网络效应并非对市场进入都具有同向效果，数据规模效应和数据范围效应具有增强市场进入难度的趋势，数据溢出效应则相反，在个案中应根据实际情况具体分析。

8.2.3.2　引入非价格多维度竞争分析体系

价格一直是经营者集中竞争分析的核心。随着数字经济的发展，非价格因素在市场竞争中的作用已经有所体现。在理论界，讨论较多的非价格竞争因素包括

数据驱动型经营者集中与反垄断法规制

创新潜力、质量、网络便捷性等，其中质量因素最为引人关注。在《平台反垄断指南》中除针对平台的双边及多边特点增加了对网络外部性的评估外，基本上沿用了《经营者集中审查暂行规定》中竞争审查的维度类别。其亮点在于针对平台经济特征对每个维度进行了子维度的细分，例如将市场份额维度细分为营业额、交易金额、交易数量、活跃用户数、点击量、使用时长等子维度。笔者认为，多维度经营者集中竞争审查方法可以采用以下思路：借鉴 AHP 方法（层次分析法），首先提取研究对象（如评估某集中行为对竞争的影响）的每个维度（如市场份额、市场控制力等）及子维度（如市场份额中的营业额、交易金额等）的可量化特征值，再根据行业特点赋予每一个维度及子维度合理的权重，通过层层加权计算得出审查分析对象的量化评估结果。多维度经营者集中竞争审查分析方法具有量化、直观的特点，它将零散的竞争审查因素系统地结合在一起，通过权重体现行业特征，并可根据行业发展变化情况调整维度及子维度的种类和数量，具有可扩展性。

8.2.4　形成以行为性救济和监督管理及复审为中心的救济制度

与结构性救济相比，行为性救济措施在数据驱动型经营者集中中更具效率和效益，应成为主导的救济手段。笔者认为，应从行为性救济制度的完善入手，满足数据驱动型经营者集中救济的需求，从消除市场进入壁垒和预防集中后经营者滥用数据经济权力入手，一方面，用监督管理制度取代监督受托人制度能够增强竞争管理机构的数据集中规制能力。在数字经济下，对经营者集中救济的监督逐渐成为竞争执法机构的常态化工作，如将其假手于人不利于竞争规制理论的发展和竞争执法机构规制能力的提升。通过建立监督管理制度，竞争执法机构能够获得救济监督的第一手数据资源，便于救济监督制度的发展与创新。另一方面，复审机制的核心在于对竞争环境变化的监控以及解决竞争环境变化与救济条款之间的匹配问题。在数字经济下，市场竞争态势的多变增加了竞争执法机构的复审监控难度，为了解决这一难题，创新与发展多学科复审监控技术，并在此基础上建立长效的复审监控机制，是复审制度积极发挥有效作用的必要保障。此外，笔者还认为，行为性救济的手段也存在可拓展空间，例如可借鉴我国其他法律的立法思路对行为性救济手段实施改造。例如，在我国《个人信息保护法》第四条中对个人信息进行了界定,明确指出匿名化处理后的信息不属于《个人信息保护法》的保护范围,如果竞争执法机构对拟实施的数据驱动型经营者集中行为存在个人信息保护等非价格竞争损害的担忧,可将匿名化作为该集中行为的救济措施,责令集中当事人实施整改。

后　记

伴随着数字经济的迅猛发展，以获取数据、算法和算力等竞争要素的数据驱动型经营者集中案件呈现出交易规模巨大、纵向集中和混合集中占比大和经营者线上线下整合等特点。数据作为第五大生产要素对数字经济的发展具有正负双向效应的影响，它因此增强了数据驱动型经营者集中规制的复杂程度，数据驱动型经营者集中也因此对反垄断法带来了挑战。数据对相关市场界定、申报标准设定、竞争审查依据范围的界定以及救济措施的运用等经营者集中规制的核心环节带来了全面影响。

由于数据产品具有较强的时效性，对于时间维度下的相关市场界定研究变得越来越重要，基于产品生命周期理论的相关市场界定和相关时间市场界定逐渐引起竞争执法机构的关注。在方法层面上，对于假定垄断者测试进行多维度的综合改造符合数据驱动型经营者集中规制的内在需求，SSNEF多因素综合测试以传统假定垄断者测试的框架为基础，综合考虑影响相关市场界定的各种可能因素，使数据驱动型经营者集中相关市场界定更具科学性和可操作性。

传统的营业额申报标准已经无法适应数字经济下界定经营者集中规制范围的要求，以数据为主导的多维度动态申报标准是其未来的改造方向。

在数据驱动型经营者集中竞争审查中数据网络效应和质量因素是两个重要的审查要素，二者的缺位将导致审查结论严重偏离事实，故应将其合理地嵌入到竞争审查程序之中。

长期以来，结构性救济是竞争执法机构青睐的救济措施，但其效果在数据驱

数据驱动型经营者集中与反垄断法规制

动型经营者集中救济中并不能让人满意，行为性救济措施能够弥补结构性救济的不足，并随着数字技术的发展，行为性救济措施将更加简洁有效，更具可操作性。监督受托人制度在结构性救济中一直发挥着重要作用，在数据驱动型经营者集中规制中救济监督机制将成为竞争执法机构的常态化工作，将其假手于人不利于救济理论发展和救济制度完善，故应建立和完善以竞争执法机构为主导的监督管理及复审制度。

综上所述，现阶段面对数字经济，从增设数据等多维度相关市场界定因素、申报标准的多元化、引入非价格多元竞争分析体系、建立救济监督管理和改造救济复审机制等方面完善经营者集中规制制度具有重要的现实意义。

在立法层面上，数字经济下的反垄断法规制问题也已成为我国竞争执法机构关注的焦点，新出台的《平台经济反垄断指南》有效地填补了平台经济领域反垄断法规制的制度需求，为数据驱动型经营者集中规制奠定了良好的基础。然而这种碎片化的立法模式，并不能完全解决数字经济下的反垄断法规制问题，新修订的《反垄断法》依然站在传统经济的角度看待数字经济现象。在未来，数字经济与传统经济的界限将会变得越来越模糊，人们将不再对二者进行区分，只有创设一部面向未来的体现中国制度自信的数字经济反垄断法，才能从根本上解决数字经济下反垄断的系列问题。

参考文献

▲ 外文著作类

[1] Areeda, P., Hovenkamp, H. & Solow, J. L. Antitrust law[M]. Valencia: Aspen Publishers, 2d ed. 2003.

[2] Davies, S. & Lyons, B. Mergers and Merger Remedies in the EU: Assessing the Consequences for Competition[M]. Cheltenham: Edward Elgar Publishing Limited. 2007.

[3] European Commission. Directorate–General IV––Competition, Union européenne. Direction générale Concurrence, Dobson Consulting, et al. Buyer Power and Its Impact on Competition in the Food Retail Distribution Sector of the European Union[M]. Brussels: European Communities, 1999.

[4] Kokkoris, I. & Olivares–Caminal, R. Antitrust Law Amidst Financial Crises[M]. Cambridge: Cambridge University Press, 2010.

[5] Lévêque, F. Merger Remedies in American and European Union Competition Law[M]. Cheltenham: Edward. Elgar Publishing, 2003.

[6] Maurice, E. S. & Grunes, A. P. Big Data and Competition Policy[M]. Oxford: Oxford University Press , 2016.

[7] Posner, R. A. Antitrust Law[M]. Chicago: University of Chicago Press, 2009.

[8] Wilensky, H. L. American Political Economy in Global Perspective[M]. Cambridge: Cambridge University Press, 2012.

▲ 外文期刊类

[1] Acemoglu, D. Directed Technical Change[J]. The Review of Economic Studies, 2002, 69(4): 781–809.

[2] Autorité de la concurrence française and Bundesbehörde der Bundeskartellbehörde. Competition Law and Data[R].2016.

[3] Baker, J. & Bresnahan T. Economic Evidence in Antitrust: Defining Markets and Measuring Market Power in Paolo Buccirossi[J]. Stanford Law School, John M. Olin Program in Law and Economics, Working Paper No. 328, 2006: 1.

[4] Baye, M. R. Market Definition and Unilateral Competitive Effects in Online Retail Markets[J]. Journal of Competition Law & Economics, 2008, 4(03): 639–653.

[5] Boutin, X. & Clemens, G. Defining 'Big Data' in Antitrust[J]. Competition Policy International: Antitrust Chronicle, 2017，1（02）: 22–28.

[6] Cameron, D., Glick, M. & Mangum, D. Comments on Articles in the Kaplow Special Issue[J]. The Antitrust Bulletin, 2012, 57(04): 957–960.

[7] Canada Competition Bureau. Big data and Innovation: Key Themes for Competition. Policy in Canada[R].2018.

[8] Coate, M. B. & Simons J. J. In Defense of Market Definition[J]. The Antitrust Bulletin, 2012, 57(4): 667–717.

[9] Coate, M. B. Theory Meets Practice: Barriers to Entry in Merger Analysis[J]. Review of Law & Economics, 2008, 4(01):183–212.

[10] Colangelo, G. & Maggiolino, M. Big data as Misleading Facilities[J]. European Competition Journal, 2017, 13(2–3): 249–281.

[11] Cunningham, C., Ederer, F. & Ma, S. Killer Acquisitions[J]. Journal of Political Economy, 2021, 129(3): 649–702.

[12] Darren, S.T. The Proper Role of Privacy in Merger Review[J]. CPI Antitrust. Chronicle, May 2015 (2).

[13] De Peyer, B. H. EU Merger Control and Big Data[J]. Journal of Competition Law & Economics, 2017, 13(4): 767–790.

[14] Dobson, P. W., Clarke R. & Davies S. et al. Buyer Power and Its Impact on Competition in the Food Retail Distribution Sector of the European Union[J]. Journal of Industry, Competition and Trade, 2001, 1(3): 247–281.

[15] Dobson, P. W. & Inderst R. Differential Buyer Power and the Waterbed Effect: Do Strong Buyers Benefit or Harm Consumers?[J]. European Competition Law Review, 2007, 28(7): 393.

[16] Doug, L. 3D Data Management: Controlling Data Volume, Velocity, and. Variety[R]. Gartner Report, February 2001.

[17] Doyle, C. & Inderst, R. Some Economics on the Treatment of Buyer Power in Antitrust[J]. European Competition Law Review, 2007, 28(3): 210.

[18] Evans, D. S. & Mariscal E. V. Market Definition Analysis in Latin America with Applications to Internet–Based Industries[J]. ISJLP, 2013, 9: 531.

[19] Executive Office of the President, President's Council of Advisors on Science and Technology. Report to the President, Big Data and Privacy: A Technological Perspective[R]. May 2014.

[20] Ezrachi, A. & Stucke, M. E. The Curious Case of Competition and Quality[J]. Journal of Antitrust Enforcement, 2015, 3(2): 227–257.

[21] Farrell, J. & Shapiro, C. Upward Pricing Pressure and Critical Loss Analysis: Response[J]. Antitrust Chronicle, 2011, 1.

[22] Federal Trade Commission. Big Data: A Tool for Inclusion or Exclusion[R].2016.

[23] Goldfarb, A. & Tucker, C. Substitution between Offline and Online Advertising Markets[J]. Journal of Competition Law and Economics, 2011, 7(01): 37–44.

[24] Harbour, P. J. & Koslove, T. I. Section 2 in a Web 2.0 World: An Expanded Vision of Relevant Product Markets[J]. Antitrust LJ, 2009, 76: 769.

[25] Harris, B. C. & Simons, J. J. Focusing Market Definition: How Much Substitution is Necessary[J]. J. Reprints Antitrust L. & Econ., 1991, 21: 151.

[26] Hewitt, G. The Failing Firm Defence[J],Journal of Competition Law and Policy, 1999,1(2):113-115.

[27] Hovenkamp, H. Markets in Merger Analysis[J]. The Antitrust Bulletin, 2012, 57(4): 887–914.

[28] Hoehn, T., Rab, S. & Saggers, G. Breaking up is Hard to Do: National Merger. Remedies in the Information and Communication Industries[J]. ECLR, 2009, 30(5): 255–276.

[29] Hoehn, T. Structure versus Conduct – a Comparison of the National Merger Remedies Practice in Seven European Countries[J]. International Journal of the Economics of Business, 2010, 17(01): 9–32.

[30] Inderst, R. & Mazzarotto, N. Buyer Power: Sources, Consequences, and Policy Responses[J]. Unpublished Manuscript, 2006.

[31] Inderst ,R. & Shaffer, G. Buyer Power in Merger Control[J]. Issues in Competition Law and Policy, 2008, 2: 1611–1635.

[32] Japan Fair Trade Commission Competition Policy Research Center.Report of. Study Group on Data and Competition Policy[R]. 2017.

[33] Kokkoris, I. & Shelanski H. EU Merger Control: A Legal and Economic Analysis[J]. OUP Catalogue, 2014.

[34] Kolasky, W. J. & Dick A R. The Merger Guidelines and the Integration of Efficiencies into Antitrust Review of Horizontal Mergers[J]. Antitrust LJ, 2003, 71: 207.

[35] Kaplow, L. Why (ever) Define Markets[J]. Harv. L. Rev., 2010, 124: 437.

[36] Luescher, C. Efficiency Considerations in European Merger Control–Just Another Battle Ground for the European Commission, Economics and Competition Lawyers?[J]. European Competition Law Review, 2004, 25(2): 72–86.

[37] MacAfee, P. When are Sunk Costs Barriers to Entry? Entry Barriers in Economic and Antitrust Analysis[C].American Economic Review Papers and Proceedings. 2004, 94: 461–5.

[38] Markovits, R. S. Why One should Never Define Markets or Use Market–Oriented Approaches to Analyze the Legality of Business Conduct under US Antitrust Law: My Arguments and a Critique of Professor Kaplow's[J]. The Antitrust Bulletin, 2012, 57(4): 747–885.

[39] McDAvid, J. L. Proposed Reform of the EU Merger Regulation: A US. Perspective[J]. Antitrust, 2002, 17: 52.

[40] McKinsey Global Institute. Big Data: The Next Frontier for Innovation, Competition, and Productivity[R].May 2011.

[41] Noll, R. G. Buyer Power and Economic Policy[J]. Antitrust LJ, 2004, 72: 589.

[42] OECD. Quality Report[R]. 2013.

[43] OECD. Policy Roundtables: Two–Sided Markets[R]. 17 December 2009.

[44] OECD. Data–Driven Innovation for Growth and Well–Being: Interim Synthesis. Report[R].October 2014.

[45] OECD. Big Data: Bringing Competition Policy to the Digital Era[R].2016.

[46] OECD. Exploring the Economics of Personal Data: A Survey of Methodologies. for Measuring Monetary Value[R]. OECD Digital Economy Paper No 220 (2013).

[47] OECD. Policy Roundtable: Barriers to Entry[R]. 2005.

[48] OECD. The Role and Measurement of Quality in Competition Analysis[R].28. October 2013.

[49] Ohlhausen, M. K. & Okuliar, A. P. Competition, Consumer Protection, and the Right [Approach] to Privacy[J]. Antitrust Law Journal, 2015, 80(01): 121–156.

[50] Owen, B. M., Sun, S. & Zheng, W. China's Competition Policy Reforms: The Anti–Monopoly Law and Beyond[J]. Antitrust Law Journal, 2008, 75(01): 231–265.

[51] Pasquale, F. Privacy, Antitrust, and Power[J]. Geo. Mason L. Rev., 2012, 20: 1009.

[52] Policy Department A at the Request of the Committee on Economic and Monetary Affairs (ECON). Challenges for Competition Policy in a Digitalized Economy[R]. 2015.

[53] Posner, R. A. & William, M. Landes, Market Power in Antitrust Cases[J].Harvard Law Review,1980, 94:937–952.

[54] Ratliff, J. D. & Rubinfeld, D. L. Online Advertising: Defining Relevant Markets[J]. Retrieved on, 2019, 7.

[55] Riordan, M. H. & Salop, S. C. Evaluating Vertical Mergers: A Post–Chicago Approach[J]. Antitrust LJ, 1994, 63: 513–568.

[56] Rohlfs, J. A Theory of Interdependent Demand for a Communications Service[J]. The Bell Journal of Economics and Management Science, 1974: 16–37.

[57] Schepp, N. P. & Wambach, A. On Big Data and Its Relevance for Market Power Assessment[J]. Journal of European Competition Law & Practice, 2016,7(2): 120–124.

[58] Schwartz, M. The Nature and Scope of Contestability Theory[J]. Oxford Economic Papers, 1986, 38: 37–57.

[59] Sivinski, G., Okuliar, A. & Kjolbye, L. Is Big Data a Big Deal? A Competition Law Approach to Big Data[J]. European Competition Journal, 2017, 13(2–3): 199–227.

[60] Snelders, R. & Dolmans, M. Cross–Border Mergers in Company Law and Competition Law: Removing the Final Barriers[J]. SEW, 2002, 50(9): 307–332.

[61] Sokol, D. D. & Comerford, R. Antitrust and Regulating Big Data[J]. Geo. Mason L. Rev., 2015, 23: 1129.

[62] Solow, R. M. Technical Change and the Aggregate Production Function[J]. The. Review of Economics and Statistics, 1957, 39(3): 312–320.

[63] Subcommittee on Antitrust, Commercial and Administrative Law of the Committee on the Judiciary. Investigation of Competition in the Digital Markets[R]. 2020.

[64] U.S House Judiciary Committee. Investigation of Competition in Digital. Markets [R]. 2020.

[65] UK The Competition and Markets Authority.The Commercial Use of Consumer Data. Report on the CMA's Call for Information[R]. 2015.

[66] UNCTAD. Digital Economy Report 2019-Value Creation and Capture: Implications for Developing Countries[R]. 4 September 2019.

[67] Vernon, R. International Investment and International Trade in the Product Cycle the Quarterly[J]. Journal of Economics, 1966, 80(02):190-207.

[68] Weitbrecht, A. From Freiburg to Chicago and Beyond-the First 50 Years of European Competition Law[J]. RRDE, 2011: 79.

[69] Williamson, O. E. Economies as an Antitrust Defense: The Welfare Tradeoffs[J]. The American Economic Review, 1968, 58(01): 18-36.

▲ 中文著作类

[1] 程贵孙. 互联网平台竞争定价与反垄断规制研究 基于双边市场理论的视角 [M]. 上海：上海财经大学出版社，2016.

[2] DAMA International. DAMA 数据管理知识体系指南 [M]. 马欢，等，译. 北京：清华大学出版社，2012.

[3] Gore,D. & Lewis,S. & Lofaro, A，等. 经济学分析方法在欧盟企业并购反垄断审查中的适用 [M]. 黄晋，韩伟，解琳，等，译. 朱忠良，校. 北京：法律出版社，2017.

[4] 丁国峰. 反垄断法律责任制度理论与实践 [M]. 昆明：云南大学出版社，2013.

[5] 丁茂中，林忠. 经营者集中控制制度的理论与实务 [M]. 上海：复旦大学出版社，2012.

[6] 丁茂中. 经营者集中控制制度中的资产剥离问题研究 [M] 上海：上海社会科学院出版社，2013（07）.

[7] 杜长辉. 中国反垄断法律框架下互联网行业的相关市场界定 [M]. 北京：知识产权出版社，2020.

[8] 韩立余. 经营者集中救济制度 [M]. 北京：高等教育出版社，2011.

[9] 韩伟. 经营者集中附条件法律问题研究 [M]. 北京：法律出版社 2013.

[10] 方燕. 互联网竞争逻辑与反垄断政策 [M]. 北京：社会科学文献出版社，2020.

[11] 蒋岩波. 互联网行业反垄断问题研究 [M]. 上海：复旦大学出版社，2019.

[12] 金善明. 反垄断法解释 [M]. 北京：中国社会科学出版社，2019.

[13] 克鲁泡特金. 互助论:进化的一个要素 [M]. 李平沤，译. 北京:商务印书馆，1963.

[14] 孔祥俊. 反垄断法原理 [M]. 北京：中国法制出版社，2001.

[15] 莱昂·狄冀.《拿破仑法典》以来私法的普通变迁 [M]. 徐砥平，译. 北京：中国政法大学出版社，2003.

[16] 李国海. 反垄断法律责任专题研究 [M]. 武汉：武汉大学出版社，2018.

[17] 李国海. 反垄断法实施机制研究 [M]. 北京：中国方正出版社，2006.

[18] 李虹. 相关市场理论与实践 反垄断相关市场界定的经济学分析 [M]. 北京：商务印书馆. 2011.

[19] 李剑. 反垄断法核心设施理论研究 [M]. 上海：上海交通大学出版社，2015.

[20] 李俊峰. 经营者集中反垄断救济措施运行机制研究 [M]. 上海：上海大学出版社，2015.

[21] 梁小民. 弗赖堡学派 [M]. 武汉：武汉出版社，1996.

[22] 刘继峰. 反垄断法 [M]. 北京：中国政法大学出版社，2012.

[23] 刘继峰. 反垄断法案例评析 [M]. 北京：对外经济贸易大学出版社，2012.

[24] 刘伟. 反垄断的经济分析 [M]. 上海：上海财经大学出版社，2004.

[25] 刘武朝. 经营者集中反垄断审查与企业创新 [M]. 北京：知识产权出版社，2016.

[26] 刘武朝. 经营者集中附加限制性条件制度研究——类型、选择及实施 [M]. 北京：中国法制出版社，2014.

[27] 马费成. 信息管理学基础 [M]. 武汉：武汉大学出版社，2018.

[28] 马化腾，等. 数字经济—中国创新增长新动能 [M]. 北京：中信出版社，2017.

[29] 温斯顿. 反垄断经济学前沿 [M]. 张嫚，吴绪亮，章爱民，译. 大连：东北财经大学出版社，2007.

[30] 美国律师协会反垄断分会. 合并与收购：理解反垄断问题 [M]. 3版，黄晋，译. 北京：北京大学出版社，2012.

[31] 莫里斯·E. 斯图克，艾伦·P. 格鲁内斯. 大数据与竞争政策 [M]. 兰磊，译. 北京：法律出版社，2019.

[32] 潘志成. 经营者集中反垄断审查的裁决程序 [M]. 北京：法律出版社，2012.

[33] 钱德勒. 规模与范围：工业资本主义的原动力 [M]. 张逸人，译. 北京：华夏出版社，2006.

[34] 阮赞林，于杨曜. 反垄断法教程 [M]. 上海：上海人民出版社，2011.

[35] 时建中，张艳华. 互联网产业的反垄断法与经济学 [M]. 北京：法律出版社，2018.

[36] 时建中. 反垄断法：法典释评与学理探源 [M]. 北京：中国人民大学出版社，2008.

[37] 孙晋. 反垄断法制度与原理 [M]. 武汉：武汉大学出版社，2010.

[38] 万江. 中国反垄断法理论、实践与国际比较 [M]. 北京：中国法制出版社，2015.

[39] 王炳. 反垄断法中的经营者集中附条件许可问题研究 争议与反思 [M]. 北京：中国政法大学出版社，2015.

[40] 王妮妮. 反垄断法中的消费者保护问题研究 [M]. 长春：吉林大学出版社，2020.

[41] 王少南. 双边市场与反垄断 [M]. 武汉：武汉大学出版社，2020.

[42] 王为农. 企业集中规制基本法理:美国,日本及欧盟的反垄断法比较研究 [M]. 北京：法律出版社，2001.

[43] 王先林. 我国反垄断法实施热点问题研究 [M]. 北京：法律出版社，2011.

[44] 王晓晔. 反垄断法 [M]. 北京：法律出版社，2011.

[45] 王中美. 互联网反垄断的难题及其解决 [M]. 上海：上海社会科学院出版社，2019.

[46] 威廉·配第. 赋税论 [M]. 陈冬野，等，译. 北京：商务印书馆，1978.

[47] 吴小丁. 反垄断与经济发展 日本竞争政策研究 [M]. 北京：商务印书馆，
2006.

[48] 吴振国，刘新宇. 企业并购反垄断审查制度之理论与实践 [M]. 北京：法律
出版社，2012.

[49] 肖太福，刘华南，等. 企业并购法律实务 [M]. 北京：群众出版社，2005.

[50] 殷醒民. 欧盟的企业合并政策 经济学与法律分析 [M]. 上海：复旦大学出版
社，2002.

[51] 应品广. 经营者集中的效率抗辩法律问题研究 [M]. 长春：吉林大学出版社，
2011.

[52] 于立，吴绪亮. 产业组织与反垄断法 [M]. 大连：东北财经大学出版社，
2008.

[53] 余东华. 反垄断经济学 [M]. 北京：经济科学出版社，2017.

[54] 袁嘉. 技术转让协议的反垄断规制 [M]. 北京：中国政法大学出版社，2017.

[55] 袁日新. 经营者集中救济法律制度研究 [M]. 北京：法律出版社，2017.

[56] 詹昊.《反垄断法》下的企业并购实务 经营者集中法律解读、案例分析与操
作指引 [M]. 北京：法律出版社，2008.

[57] 张家琛. 市场结构对技术创新的影响研究：从工业、金融到网络行业的反
垄断政策 [M]. 北京：中国物资出版社，2019.

[58] 张江莉. 反垄断法在互联网领域的实施 [M]. 北京：中国法制出版社，2020.

[59] 郑树泉等. 工业大数据：架构与应用 [M]. 上海：上海科学技术出版社，
2017.

[60] 郑泰安，郑鈜，等. 反垄断法律制度研究 [M]. 成都：四川人民出版社，
2008.

[61] 国家市场监督管理总局反垄断局. 中国反垄断立法与执法实践 [M]. 北京：
中国工商出版社，2020.

[62] 周琳. 企业并购的资源协同 [M]. 北京：中国经济出版社，2007.

[63] 周昀. 反垄断法新论 [M]. 北京：中国政法大学出版社，2016.

▲ 中文期刊类

[1] 曹玉书，楼东玮. 资源错配、结构变迁与中国经济转型 [J]. 中国工业经济，2012(10)：5-18.

[2] 陈兵. 大数据的竞争法属性及规制意义 [J]. 法学，2018（08）：107-123.

[3] 陈兵. 数字经济下相关市场界定面临的挑战及方法改进 [J]. 中国流通经济，2021，35（02）：3-12.

[4] 陈玲. 基于平台理论的市场平台组织体系及其构建 [J]. 求索，2010（09）：35-37.

[5] 陈志民. 结合矫正措施制度之一项功能性导向的理解架构 [J]. 公平交易季刊，2013，21（01）：1-66.

[6] 程贵孙. 平台型产业反垄断规制的理论误区与释疑——基于双边市场理论视角 [J]. 商业经济与管理，2009（03）：54-60.

[7] 丁国峰. 大数据视角下的《反垄断法》修订 [J]. 竞争法律与政策评论，2020，6（00）：19-22.

[8] 丁文联. 数据竞争的法律制度基础 [J]. 财经问题研究，2018（02）：13-17.

[9] 杜睿云，王宝义. 新零售：研究述评及展望 [J]. 企业经济，2020，39（08）：128-135.

[10] 方小敏. 经营者集中申报标准研究 [J]. 法商研究，2008（03）：79-86.

[11] 方兴东，等. 全球互联网50年（1969-2019）：发展阶段与演进逻辑（上）[J]。互联网天地，2019（10）：12-23.

[12] 冯惠玲. 大数据的权属亟须立法界定 [J]. 中国高等教育，2017（06）：53-54.

[13] 郜庆，苏厚阳. 滴滴合并优步案的反垄断分析 [J]. 华北电力大学学报（社会科学版），2019（06）：78-84.

[14] 郭传凯. 互联网平台企业合并反垄断规制研究—以"滴滴""优步中国"合并案为例证 [J]. 经济法论丛，2018（01）：408-442.

[15] 郭玉新. 论数字科技企业纵向合并的反垄断法规制 [J]. 甘肃政法大学学报，

2020（06）：53-64.

[16] 韩伟. 数字经济时代中国《反垄断法》的修订与完善 [J]. 竞争政策研究，2018（04）：51-62.

[17] 胡丽. 互联网企业市场支配地位认定的理论反思与制度重构 [J]. 现代法学，2013，35（02）：93-101.

[18] 黄文艺. 公法研究中的概念清理和重整 [J]. 法学研究，2012，34（04）:6-9。

[19] 黄勇,申耘宇. 论互联网反垄断民事诉讼的多重功能[J]. 法律适用,2014(07)：8-13.

[20] 姜奇平. 以市场份额定垄断将伤害互联网 [J]. 互联网周刊，2012（09）：6.

[21] 蒋岩波. 滴滴收购优步中国经营者集中案例的反垄断法分析[J]. 经济法研究，2017，19（02）：207-219.

[22] 蒋岩波. 互联网产业中相关市场界定的司法困境与出路——基于双边市场条件[J]. 法学家，2012（06）：58-74+175-176.

[23] 蒋琰. 论无形资产会计的创新 [J]. 财会月刊，2007（11）：8-10.

[24] 焦海涛.《反垄断法》的修订动因与完善方向 [J]. 竞争法律与政策评论，2020，6（00）：7-10.

[25] 李青，韩伟. 反垄断执法中相关市场界定的若干基础性问题 [J]. 价格理论与实践，2013（07）：7-10.

[26] 李琼，等. 德国反限制竞争法 [J]. 中德法学论坛，2017（01）：229-308.

[27] 李政，周希禛. 数据作为生产要素参与分配的政治经济学分析 [J]. 学习与探索，2020（01）：111.

[28] 梁战平. 情报学若干问题辨析 [J]. 情报理论与实践，2003（03）：193-198.

[29] 林森相，卢晴川. 以效率价值主导的经营者集中申报标准重构——以滴滴出行与 Uber 中国合并为切入点 [J]. 东南大学学报（哲学社会科学版），2017，19（S2）：51-56.

[30] 刘志成，李清彬. 把握当前数据垄断特征 优化数据垄断监管 [J]. 中国发展观察，2019（08）：45-48.

[31] 吕明瑜. 网络产业中市场支配地位认定面临的新问题 [J]. 政法论丛，2011（05）：51-62;

[32] 马费成. 在改变中探索和创新 [J]. 情报科学, 2018, 36 (01): 3-4.

[33] 宁度. 美国《纵向合并指南》的介评与启示: 以竞争损害的认定为中心 [J]. 竞争政策研究, 2020 (05): 90-106.

[34] 邵建东. 德国新修订的《反限制竞争法》介评 [J]. 南京大学法律评论, 2000 (01): 186-194.

[35] 沈坤荣. 经济增长理论的演进、比较与评述 [J]. 经济学动态, 2006 (05): 30.

[36] 石景云. 现代经济增长理论的演进 [J]. 经济评论, 2001 (03): 3-6.

[37] 苏华. 多边平台的相关市场界定与反垄断执法发展 [J]. 价格理论与实践, 2013 (08): 29-31.

[38] 孙国瑞. 关于大众点评诉百度不正当竞争案的一点思考 [J]. 中国审判, 2017 (27): 82-83.

[39] 孙晋, 钟原. 大数据时代下数据构成必要设施的反垄断法分析 [J]. 电子知识产权, 2018 (05): 38-49.

[40] 唐要家, 尹钰锋. 算法合谋的反垄断规制及工具创新研究 [J]. 产经评论, 2020, 11 (02): 5-16.

[41] 王宏涛, 陆伟刚. 基于双边市场理论的互联网定价模式与反垄断问题研究 [J]. 华东经济管理, 2012, 26 (06): 69-74.

[42] 王健, 安政. 数字经济下 SSNIP 测试法的革新 [J]. 经济法论丛, 2018 (02): 331-369.

[43] 王健. 德国竞争法的欧洲化改革——《反限制竞争法》第 7 次修订述评 [J]. 时代法学, 2006 (06): 88-93.

[44] 王丽. 经营者集中反垄断救济制度及其实施研究 [J]. 经济法研究, 2013, 12 (00): 293-314.

[45] 王林辉, 高庆昆. 要素错配水平及其对全要素生产率作用效应的研究 [J]. 经济学动态, 2013 (06): 61-67.

[46] 王晓晔. 德国《反对限制竞争法》的第六次修订 [J]. 德国研究, 2000 (01): 33-36.

[47] 王晓晔. 我国《反垄断法》修订的几点思考 [J]. 社会科学文摘, 2020 (05): 73-75.

[48] 王毅. 产品生命周期阶段的判断方法 [J]. 管理现代化, 1992 (01): 19-20+14.

[49] 谢康, 等. 大数据成为现实生产要素的企业实现机制: 产品创新视角 [J]. 中国工业经济, 2020 (05): 42-60.

[50] 谢识予. 斯密经济增长思想的理论内涵及现实意义 [J]. 复旦学报 (社会科学版), 2005 (03): 162-168.

[51] 徐晋, 张祥建. 平台经济学初探 [J]. 中国工业经济, 2006 (05): 40-47.

[52] 徐瑞阳. 论经营者集中申报标准实施机制的完善 [J]. 法学家, 2016 (06): 146-161+180.

[53] 杨东, 臧俊恒. 数据生产要素的竞争规制困境与突破 [J]. 国家检察官学院学报, 2020, 28 (06): 143-159.

[54] 杨立新. 个人信息: 法益抑或民事权利——对《民法总则》第 111 条规定的"个人信息"之解读 [J]. 法学论坛, 2018 (01): 34-45.

[55] 杨文明. 市场份额标准的理论反思与方法适用——以互联网企业市场支配地位认定为视角 [J]. 西北大学学报 (哲学社会科学版), 2014, 44 (03): 68-75.

[56] 姚毓春, 等. 劳动力与资本错配效应: 来自十九个行业的经验证据 [J]. 经济学动态, 2014 (06): 69-77.

[57] 叶明, 梁静. 我国移动互联网领域经营者集中申报标准问题研究 [J]. 竞争政策研究, 2019 (06): 20-28.

[58] 叶明. 互联网对相关产品市场界定的挑战及解决思路 [J]. 社会科学研究, 2014 (01): 9-16.

[59] 郁庆璘. 丹尼森经济增长因素分析法 [J]. 外国经济与管理, 1985 (06): 33-36.

[60] 袁日新. 互联网产业经营者集中救济的适用 [J]. 河北法学, 2014, 32 (01): 63-71.

[61] 袁日新. 经营者集中救济设计的考量因素 基于欧美立法和执法经验的分析 [J]. 经济法论丛, 2012 (01): 57-81.

[62] 曾雄. 数据垄断相关问题的反垄断法分析思路 [J]. 竞争政策研究,2017（06）：
40-52.

[63] 翟巍.《德国反限制竞争法》数字化改革的缘起、目标与路径——《德国反限制竞争法》第十次修订述评 [J]. 竞争法律与政策评论，2020，6（00）：
25-37.

[64] 战葆红. 塞勒—凯弗维尔法与美国公司的合并 [J]. 美国研究，1992，6（04）：
105-121.

[65] 张勤. 信息链与我国情报学研究路径探析 [J]. 图书情报知识，2005（04）：
23-27.

[66] 张媛筑. 竞争法上使用数据之应有定位与可能造成之影响 [J]. 公平交易季刊，
2018，26（04）：125-164.

[67] 钟原. 大数据时代垄断协议规制的法律困境及其类型化解决思路 [J]. 天府新论，2018（02）：66-75.

[68] 周汉华. 个人信息保护的法律定位 [J]. 法商研究，2020，37(03)：44-56.

[69] 周万里.《德国反限制竞争法》的第九次修订 [J]. 德国研究，2018，33（04）：
78-89+142.

[70] 周围. 算法共谋的反垄断法规制 [J]. 法学，2020（01）：40-59.

[71] 邹开亮，刘佳明. 大数据产业相关市场界定的困境与出路 [J]. 重庆邮电大学学报（社会科学版），2018，30（05）：34-39+100.

▲ 学位论文

[1] 蒋亚男. 我国出租车行业反垄断法律研究 [D]. 沈阳：辽宁大学，2016.

[2] 王李乐. 经营者集中行为救济制度研究 [D]. 北京：对外经济贸易大学，
2015.

[3] 袁波. 大数据领域的反垄断问题研究 [D]. 上海：上海交通大学，2019.

▲ 报纸文章

[1] Lohr, S. Can These Guys Make You "Bing" ?[N]. New York Times,31 July 2011.

[2] 陈兵. 如何看待"数据垄断"[N]. 第一财经日报，2020-07-28（A11）.

[3] 黄晋. 滴滴收购优步的交易应该受到限制 [N]. 经济参考报,2016-08-16(008).

[4] 黄晋. 欧盟对大型数字平台实施积极监管 [N]. 经济参考报,2021-05-25(008).

[5] 马化腾. 推动上"云"用"数"建设产业互联网 [N]. 人民日报，2020-05-07（12 版）.

[6] 吴振国. 适应经济社会发展 强化科学审慎监管 [N]. 中国市场监管报，2019-08-31（002）.

[7] 杨东.《反垄断法》修改可设数字经济专章 [N]. 经济参考报，2021-03-16(008).

[8] 杨东. 对超级平台数据垄断不能无动于衷 [N]. 经济参考报,2019-06-26(008).

[9] 朱战威. 欧盟《数字市场法》经济评估报告概要 [N]. 经济参考报，2021-08-17（008）.

▲ 电子文献

[1] Engle-Warnick, J. & Ruffle, B. J. Buyer Concentration as a Source of Countervailing Power: Evidence from Experimental Posted-Offer Markets[DB/OL]. https://papers.ssrn.com/sol3/papers.cfm?abstract_id=310339, 2021-12-01.

[2] Grunes, A. P. & Stucke, M. E. No Mistake about It: The Important Role of Antitrust in the Era of Big Data[DB/OL]. https://ssrn.com/abstract=2600051,2021-12-01.

[3] Harris, J. Bridging the Divide between Unstructured and Structured Data[EB/OL]. https://ischoolonline.berkeley.edu/blog/structured-unstructured-data/, 2021-12-01.

[4] IBM Big Data Hub. The Four V's of Big Data[EB/OL]. https://www.ibmbigdatahub.com/infographic/four-vs-big-data, 2021-12-01.

[5] Lambrecht, A. & Tucker, C. E. Can Big Data Protect a Firm from Competition? [DB/OL]. https: //ssrn.com/abstract=2705530, 2021–12–01.

[6] OECD. Monopsony and Buyer Power [EB/OL].https://www.oecd.org/daf/Competition/44445750.pdf, 2021-12-01.

[7] OECD.Policy Roundtable:Barriers to entry[EB/OL].https://www.oecd.org/regreform /sectors/36344429.pdf, 2021-12-01.

[8] OECD. Policy Roundtables: Two–Sided Markets[EB/OL].http://www.oecd.org/daf/competition/44445730.pdf, 2021-12-01.

[9] Sterling, G. As Apple–Google Deal Expires, Who Will Win the Safari Default Sear-ch Business?[EB/OL].http://searchengineland.com/apple-google-deal-expires-will-win-safari-default-search-business-214277, 2021-12-01.

[10] Sterling, G. Firefox Deal Continues 10 Boost Yahoo as US Search Share Grows Again in January[EB/OL]. http://searchengineland.com/firefox–dealcontinues–boost–yahoo–us–search–share–grows–january–213998, 2021–12–01.

[11] Tucker, D. S. & Wellford, H. Big Mistakes Regarding Big Data[DB/OL]. https://ssrn.com/Abstract=2549044, 2021-12-01.

[12] Waehrer, K. Online Services and the Analysis of Competitive Merger Effects in Privacy Protections and Other Quality Dimensions[DB/OL]. https:/papers.ssrn.com/sol3/papers.cfm?abstract_id=2701927, 2021-12-01.

[13] 罗培，王善民. 数据作为生产要素的作用和价值 [EB/OL]. 清华大学互联网产业研究院公众号，2020 年 6 月 4 日。

[14] 刘旭. 反垄断草案及送审稿第四条评注（下）——相关市场的定义问题 [EB/OL]. http：//kartellrecht.Fyfz.cn/b/233402, 2021–12–1.

[15] 前瞻产业研究院. 中国网约车用户数达 1.59 亿人 滴滴出行市场稳居第一 [EB/OL].https://bg. qianzhan.com/report/detail/459/160817–3b685fe2.html, 2021–12–01.

[16] 腾讯研究院. 宏观经济增长框架中的数据生产要素：历史、理论与展望 [EB/OL]. https：//tisi.org/14625,2021–12–01.

[17]中国信息通信研究院. 中国数字经济发展白皮书 (2021 年)[EB/OL]. http:// www.caict.ac.cn/kxyj/qwfb/bps/202104/P020210424737615413306.pdf, 2021-12-01.

[18]中国信息通信研究院. 中国数字经济发展与就业白皮书 (2019 年)[EB/OL]. http://www.caict.ac.cn/kxyj/qwfb/bps/201904/P020190417344468720243. pdf, 2021-12-01.